MANUEL FILHO

A RODA DA VIDA

ilustrações GUILHERME PETRECA

Obra selecionada pelo Programa de Ação Cultural (ProAC) 2014 do Estado de São Paulo

PANDA BOOKS

Diretor editorial
Marcelo Duarte

Diretora comercial
Patth Pachas

Diretora de projetos especiais
Tatiana Fulas

Coordenadora editorial
Vanessa Sayuri Sawada

Assistente editorial
Olívia Tavares

Projeto gráfico
Vanessa Sayuri Sawada

Diagramação
Carla Almeida Freire

Preparação
Beto Furquim

Revisão
Ana Maria Latgé

CIP – BRASIL. CATALOGAÇÃO NA PUBLICAÇÃO
SINDICATO NACIONAL DOS EDITORES DE LIVROS, RJ

Filho, Manuel
A roda da vida/Manuel Filho; [ilustração Guilherme Petreca].
– 1. ed. – São Paulo: Panda Books, 2019. 168 pp.

ISBN 978-85-7888-740-7

1. Ficção. 2. Literatura infantojuvenil brasileira. I. Petreca, Guilherme. II. Título.
Bibliotecária: Vanessa Mafra Xavier Salgado – CRB-7/6644

19-56513 CDD: 808.899282
CDU: 82-93(81)

2019

Um selo da Editora Original Ltda.
Rua Henrique Schaumann, 286, cj. 41
05413-010 – São Paulo – SP
Tel./Fax: (11) 3088-8444
edoriginal@pandabooks.com.br
www.pandabooks.com.br
Visite nosso Facebook, Instagram e Twitter.

Para todos aqueles que,
em algum momento da vida,
se sentiram abandonados.

Um agradecimento especial
ao Museu da Santa Casa de
Misericórdia de São Paulo.

SUMÁRIO

Nos tempos da Roda...

A EXPOSIÇÃO

Até o último segundo ainda lhe faltaria coragem. Chegar até ali já havia sido imensamente difícil, mas Elza não via outra saída, permanecia sem opções.

A noite estava realmente gelada, e o bebê em seus braços se encontrava tranquilo, dormindo. Olhou para ele e lhe cobriu o rosto com a fina manta que levara a fim de agasalhá-lo. Depois desse gesto, ganhou impulso e se dirigiu ao seu destino. Entretanto, subitamente, a jovem notou uma mulher saindo das sombras rumo à mesma direção. Elza retornou ao seu esconderijo, uma pequena viela escura entre duas casas e aguardou, apreensiva.

A outra mulher se aproximou rapidamente do que parecia ser um buraco em uma parede, parou diante dele, olhou ao redor e depositou ali o que levava. Então, fez um movimento brusco, como se estivesse empurrando alguma coisa. Um som pesado, de algo girando com dificuldade, ouviu-se. Terminado o ato, ela puxou uma corda e o badalar de um sino soou. Logo, partiu para o lado oposto de onde viera, desaparecendo por entre as sombras.

Em seguida, silêncio.

Elza permaneceu em seu canto aguardando por algum acontecimento. Não demorou para que escutasse passos do outro lado do muro e um choro, suave. Passaram-se alguns instantes e, por fim, o som rangente se repetiu.

"É agora!", pensou Elza.

Examinou os arredores e, finalmente, deixou seu esconderijo. A cada passo dado, a distância se tornava maior; um trajeto infinito. Seu caminhar era pesado, trêmulo, e o bebê começou a ficar inquieto. Despertou. Ela o envolveu ainda mais, de maneira que ele pudesse se sentir seguro, e acelerou a caminhada, pois temia um pranto triste e inoportuno.

Então, atingiu o buraco na parede e o tocou; sentiu a fria madeira. Era a Roda, impassível, que cumpria a sua função. Quantas vezes Elza analisara aquele caminho. Jamais tivera a ousadia de se aproximar, de tocá-la. Apenas a observava de longe; um cilindro de madeira oco, giratório sobre seu próprio eixo e cuja abertura voltava-se para a rua. As mãos de

Elza tremiam, mas ela acabou conseguindo acomodar naquele espaço tão apertado o bebê que trazia no colo. Tratou de enrolá-lo cuidadosamente. Em volta de seu pescoço, colocou um delicado cordão, todo ornamentado, e, o principal, deixou uma carta; uma mensagem a ser lida, talvez compreendida e aceita.

O bebê finalmente chorou, e aquilo impediu que Elza tivesse tempo de se arrepender, de ter qualquer atitude senão a de aceitar as exigências de outros, impostas.

Suas mãos procuraram por alguma coisa, acima do cilindro, mas o nervosismo a impedia de ter sucesso. Então, de repente, notou um pedaço frio de metal e o segurou. Aplicou toda sua força a fim de produzir um deslocamento e notou um grotesco ranger. A Roda girava. Elza viu o bebê desaparecer do alcance de seus olhos. Sumiram as pernas, o corpo, a carta e, num último impulso, a cabeça foi engolida pela escuridão. Não havia mais vestígios do buraco na parede. Ele fora totalmente coberto por uma lâmina grossa de madeira.

Estava acabado.

Agora, bastava puxar a corda, o sino. Ouviu o badalar e aguardou. Em seguida, passos e silêncio.

Elza chorava. Escutou claramente quando alguém murmurou uma prece. Em seguida, sentiu um leve tremor na parede de madeira. Afastou-se, pois o cilindro girava outra vez. Por um segundo, julgou que estivesse sonhando, que a criança ainda permanecia em seus braços, que nada daquilo acontecera, porém, ao terminar o giro, o espaço oco se encontrava vazio.

Elza colocou novamente as mãos naquele interior e teve a impressão de sentir o breve calor deixado pelo bebê. O fato estava consumado. Ela partiu lentamente, desejando que seu filhinho fosse tratado com carinho, que lessem sua carta e que, talvez assim, ele não encontrasse o triste destino de tantos outros expostos.

O PACOTE MISTERIOSO

Ricardo acordou com uma gritaria ao seu redor. Mesmo que quisesse – afinal, era seu primeiro dia de férias –, não conseguiria simplesmente virar para o lado e continuar dormindo.

– Acorda, dorminhoco! – berrava Pietro, seu irmão mais novo.

– Levanta! – gritava Juliana, sua irmã ainda mais nova.

Tentando colocar alguma ordem naquela situação, Olívia, a mãe, interferiu.

– Calma, crianças, hoje é o aniversário dele, não machuquem o irmão de vocês – completou ela, beijando o filho. – Eu até ia deixar você dormir tranquilo, mas seus irmãos impediram.

Logo Ricardo entrou na brincadeira, uma tradição familiar: o primeiro que acordasse na manhã de qualquer aniversário tratava de parabenizar o "felizardo" com uma travesseirada, uma forma de demonstrar "amor".

A casa em que viviam não era muito grande e se localizava em uma discreta vila com apenas quatro outras residências. Todos se conheciam e dispunham de um acanhado quintal comunitário onde cuidavam de plantas e de alguns gatos perdidos.

Ao se mudarem para lá, Olívia e Marcos só tinham Ricardo. Em pouco tempo, os demais membros da família vieram. A última foi Juliana, beneficiada com um quarto próprio. Uma pequena despensa mudou de função e passou a abrigar muitas bonecas. Como Ricardo e Pietro dividiam o mesmo quarto, quando um dos dois fazia aniversário a garota nunca conseguia iniciar a batalha de travesseiros. Na vez dela, os dois disputavam para ver quem teria o privilégio de ser o primeiro a atacá-la.

Ricardo já se sentia bem mais velho que Pietro, que tinha dez anos, e Juliana, que tinha oito, mas ainda se permitia ser totalmente criança junto aos dois. Assumira prazerosamente o papel de protetor.

– Tá, acordei! – disse ele. – Cadê meus presentes?

– Não tem – gritou Pietro, acertando a cabeça do irmão.

Juliana ainda tentou puxar a orelha do aniversariante por 15 vezes, mas não teve sucesso. Ricardo passou a impedi-los de fazer isso desde que, aos 12 anos, quase ficou sem uma orelha, tamanha a força empregada no gesto das crianças.

Os pacotes não demoraram a aparecer. Olívia pediu ao garoto que só os abrisse mais tarde, de forma que o pai também pudesse assistir, mas aquilo seria impossível. No primeiro dia de férias, com presentes recebidos logo pela manhã, era difícil mantê-los intactos até à noite.

E Ricardo os abriu, um por um.

– O game que eu queria! – gritou ele. – Obrigado, mãe!

Dos irmãos, recebeu HQs e chocolates. Ele gostou de tudo, mas não havia como competir com o fascínio despertado pelo novo jogo.

Olívia não teve coragem de revelar a existência de um presente extra, talvez o mais importante e enigmático. Ela não conseguia imaginar, nem em um milhão de anos, o conteúdo daquele pacote que chegara de surpresa em sua casa. A curiosidade era imensa, entretanto, tal presente merecia ser aberto em um momento especial, pois, conhecendo o remetente como conhecia, o pacote poderia provocar uma séria mudança na vida de toda a família.

OS POUCOS GALHOS DE UMA ÁRVORE

Foi um dia divertido.

Ricardo brincou a tarde inteira com seu game. Seus melhores amigos apareceram e eles acabaram travando algumas batalhas coletivas, e pausaram somente na hora de partir o bolo. Depois disso, voltaram às disputas, mas logo os participantes tiveram que largar a diversão por motivo de força maior: suas mães os chamaram.

No início da noite, o pai de Ricardo já havia retornado do trabalho. Ao vê-lo, Olívia apontou para o pacote misterioso e Marcos compreendeu que a hora de desvendar o mistério se aproximava. Aproveitaram que os outros filhos brincavam no quintal e convidaram seu primogênito para uma conversa.

– Filho – principiou Marcos –, ainda tem um presente para você.

Os olhos do garoto brilharam e ele concluiu que aquele dia estava sendo melhor do que o esperado.

– Só que... – continuou sua mãe – não é nosso. Foi o avô Aparecido que mandou.

De repente, a expressão do menino mudou. Ele ficou imensamente surpreso, pois seria capaz de contar nos dedos de apenas uma mão quantas vezes recebera alguma lembrança desse seu avô. No entanto, Ricardo tinha muito carinho por ele. Olívia costumava relatar que o pai dela sempre a tratou com imenso cuidado, sempre muito carinhoso. Ele nunca deixou faltar qualquer coisa para a filha, colocou-a nas melhores escolas e permitiu que ela seguisse o caminho que desejasse. Porém, intolerante à desobediência, exigia disciplina e o cumprimento dos horários.

Quando Olívia conheceu Marcos, achou que, novamente, teria problemas. Entretanto, isso não aconteceu. Antes dele, apresentara somente dois namorados à sua família, e ambos os momentos foram decepcionantes. Ao levar os rapazes para sua casa, seu pai se comportou de maneira idêntica: cumprimentou-os rapidamente e se escondeu em seu quarto. Não desejava conversar.

Por sua vez, a mãe de Olívia, dona Joana, tentava explicar à filha que ele era ciumento, necessitava de paciência. Ela até compreendia, mas seu pai impunha tantas restrições que os relacionamentos acabavam terminando. A moça não ousava desafiá-lo, pois o homem já havia sofrido o suficiente na vida. Na verdade, ela nem sequer conhecia plenamente o passado de seu pai.

A vida de Aparecido Benvenuto era cercada de mistérios. Sua esposa parecia conhecer diversos deles, mas jamais fora de tecer grandes comentários. O que se sabia, com certeza, era a inexistência de qualquer parente ligado a ele. Olívia só descobriu isso quando, ainda criança, precisou fazer um trabalho para a escola: sua árvore genealógica.

Ao consultar a mãe, obteve dezenas de informações. Dona Joana viera do Nordeste e possuía 12 irmãos, ou seja, os galhos dos tios eram vários. Depois, existiam os primos e alguns sobrinhos, inclusive. Olívia se surpreendia por, tão jovem, já ser tia. A família ainda se esparramava por bisavós e variados parentes.

Contudo, ao tentar fazer o mesmo com seu pai, o vazio incomodava, havia apenas um galho. Pareceu-lhe, inclusive, que se tratava de um assunto intocável, que quanto menos falasse sobre ele, melhor. Sua mãe lhe explicou à época que, dentre toda a família, o tronco de seu pai era o mais forte, pois ele sempre precisou se sustentar por suas próprias mãos. Ao mostrar a atividade final na escola, os amiguinhos de Olívia riram dela, achando graça naquele galho tão seco.

Ainda sem compreender a razão, Olívia começou a sentir um pouco de vergonha a respeito do passado incerto de seu pai.

Infelizmente, alguns desses segredos só vieram a ser desvendados quando sua mãe ficou seriamente doente. A enfermidade se agravou rapidamente. Joana enfraquecia a olhos vistos. Aquilo suscitou na senhora um desejo de urgência, de resolver assuntos pendentes. Ela tentou todas as maneiras possíveis de aproximar pai e filha, uma vez que desejava que eles seguissem em paz a partir do momento no qual ela não estivesse mais entre eles.

Ao se ver sem a esposa e com uma filha, que ainda dependia dele, Aparecido percebeu o tamanho de sua responsabilidade. Temia que algo lhe acontecesse e que a filha ficasse sozinha no mundo, como ele... Foi por esses dias que surgiu Marcos, o novo namorado, e Aparecido se mostrou tolerante. Aos poucos, o rapaz foi conquistando a confiança do senhor e acabou sendo aceito dentro do pequeno núcleo familiar.

O casamento se concretizou e, para desconforto de todos, Aparecido de fato terminou ficando sozinho. O jovem casal teve de se mudar em razão de trabalho, e o senhor recolheu-se à sua casa e às lembranças. Sempre era muito difícil contatá-lo; ele permanecia avesso às inovações tecnológicas, como internet e celular. Mantinha apenas um velho telefone fixo.

No início, Olívia fazia viagens mensais para visitá-lo, porém, quando os filhos nasceram, tudo se complicou. Aparecido se distanciou naturalmente.

Por isso, foi uma surpresa quando os Correios entregaram o pacote com uma carta recheada de instruções destinada à filha. Ela deveria dar aquele presente a Ricardo, e somente ele poderia abri-lo. Desde então, a curiosidade era imensa; aquilo jamais havia acontecido, nem mesmo com ela. Finalmente, pediu ao filho:

– Abra logo, querido. Deve ser importante.

Nos tempos da Roda...

A PURIFICAÇÃO DA ALMA

Irmã Augusta mal recolhera um bebê quando ouviu a sineta tocar novamente. Benzeu-se.

"Outro anjinho", pensou.

Seu coração sempre se apertava ao escutar aquele som. Não sabia o que esperar. Estava certa da necessidade da Roda dos Expostos, era uma maneira de impedir mães desesperadas de cometer o que a irmã considerava o maior de todos os pecados: o aborto. Assim, desde que essas mães tivessem onde deixar seus filhos enjeitados, seguiriam em paz com suas almas.

Já havia perdido as contas de quantos bebês retirara da Roda. Foram tantos meninos e meninas que não seria capaz de afirmar qual dos sexos prevalecia. No início, ela chorava. Alguns eram colocados na Roda completamente nus, ainda com o cordão umbilical e sem nenhum indicativo de sua origem. Muitos desses não sobreviviam ao próximo nascer do sol. A primeira vez na qual um exposto morreu em seus braços, ela praticamente deixou de sentir as mãos, tremia intensamente. Por diversos dias não conseguiu se aproximar da Roda e rezou por seguidas e seguidas horas. Quando retomou suas atividades, recolhia os bebês com extremo cuidado, pois temia feri-los em razão de qualquer movimento brusco.

Vários deles eram abandonados mortos, inclusive. Os que estavam com o corpo frio, já poderiam ter falecido há horas; outros, ainda quentes, acendiam em irmã Augusta um grande temor: o infanticídio. Alguma mãe, desesperada, teria matado o bebê e colocado o corpo na Roda a fim de obter à pequena criatura, pelo menos, um enterro cristão, digno.

Essa possibilidade, porém, não afastava outro receio de irmã Augusta: o de que o bebê não tivesse sido batizado; morrido pagão. Para a alma da pobre criança seria um enorme prejuízo, pois ela ficaria eternamente no limbo, em meio à escuridão, sem alcançar o Paraíso. A providência inicial, tomada com os expostos na Roda, era justamente seu batismo, afastando, assim, tão sério risco. Nesse momento, a criança recebia um nome, que poderia ser o do santo do dia. Naquela Santa Casa de Misericórdia todas as crianças ganhavam o mesmo sobrenome do senhor Lopes Tavares, o benemérito que havia doado o dinheiro usado para a instalação e manutenção da Roda.

A jovem irmã se impressionava pelos bebês expostos com algum problema, com uma "desvantagem", como dizia ela. Recusava-se a usar a palavra "defeituoso", porque considerava perfeitas todas as criaturas de Deus. Se tivessem nascido sem um braço, perna ou apresentassem determinada deficiência motora ou intelectual, era um desígnio a ser aceito humildemente. Entretanto, esses eram os primeiros a morrer, já que sempre se encontravam mais debilitados que os outros.

Todo esse passado e carga emocional acompanhavam irmã Augusta quando ela se aproximava da Roda, e não estava sendo diferente daquela vez. Naquela noite gelada, ficou aliviada ao perceber que o anjinho recém-exposto dormia bem-agasalhado. Passou a mão pelo cilindro de madeira e descobriu algo a mais. Tratou de juntar o que havia encontrado e, rapidamente, se recolheu ao interior da Santa Casa, desejando que aquele bebê, que parecia ter sido, um dia, um filho amado, fosse o último exposto de toda a madrugada.

O PRESENTE REVELADO

Ricardo ficou surpreso quando recebeu outro presente, o que, afinal, não era uma situação que exigisse muito questionamento. Era seu aniversário! Pegou o pacote e o abriu.

Seus pais acompanhavam a situação com grande expectativa. Curiosos, esperavam uma reação impactante do garoto, porém ele apenas enfiou a mão na caixa e disse, decepcionado:

– O que é isto? Uma carta? – após um breve silêncio, ele completou: – Uma não, duas.

– Deixa eu ver – pediu Olívia. Reconheceu a letra do pai e sentiu algo estranho, certa melancolia, pois jamais havia recebido qualquer mensagem escrita por ele. Normalmente se falavam por telefone, e, mesmo assim, brevemente.

– Você não vai abrir? – perguntou Marcos ao filho.

Como uma das cartas estava com sua mãe, ele abriu a que permanecera com ele. No envelope estava escrito: "Ricardo, 15 anos". O garoto, percebendo a curiosidade dos pais, leu a carta em voz alta.

Meu querido neto, parabéns. Você está completando 15 anos, já é um homenzinho. Na minha época, ter 15 anos era bem diferente do que é hoje. A gente já tinha responsabilidades de gente grande, trabalhava muito e, às vezes, nem tinha tempo de estudar. Hoje em dia, as coisas estão melhores, seus pais deixam você brincar. Eu queria ter dado mais atenção à sua mãe, mas, infelizmente, eu nunca aprendi a fazer isso; acho que nem foi culpa minha, você vai entender melhor quando ler a outra carta. Não fui eu que a escrevi, foi minha mãe, mas eu demorei muito para descobrir isso. Eu só fiquei sabendo da existência dela quando eu completei a sua idade, e isso já faz muito tempo.

Guardei esta carta somente para mim, nem sua avó a leu, mas não quero mais guardar este segredo, então, decidi que eu a daria ao meu primeiro neto que tivesse a mesma idade que eu tinha quando a recebi. Achei que, nessa idade, uma pessoa teria condições de compreender melhor a minha vida, tudo o que eu passei. Sua mãe vai ficar feliz também, pode deixá-la ler a carta, ela vai encontrar respostas para coisas que sempre quis saber. Eu sei que nem todas as respostas estão aí, mas, pelo menos, muitas perguntas deixarão de ser feitas. De onde eu vim? Quem era nossa família? Como as coisas aconteceram? Eu tinha muita vergonha...

Pode falar para sua mãe que, se ela quiser falar comigo depois que ler a carta, eu vou estar pronto para responder tudo o que ela deseja saber, mas só falo pessoalmente, vou querer todo mundo aqui me visitando, pois estou com saudades.

Eu amo muito você, e, tenha certeza disso, você tem a coisa mais valiosa do mundo: uma família. O que eu não teria dado para ter mãe, irmãos... Um pai... eu nunca soube quem ele poderia ter sido. Não sei se você já leu a outra carta, mas não importa, não criei nenhuma ordem para isso.

Feliz aniversário, meu neto querido.

Sua vida vai começar sem mistérios e sem segredos. Nunca terá que esconder nada de ninguém, e eu não vou cometer com você os mesmos erros que pratiquei com sua mãe.

Um beijo saudoso.
Vô Aparecido

Quando Ricardo terminou de ler a carta, sua mãe pediu para vê-la. Olívia correu os olhos por ela e, de repente, chorou. Marcos e Ricardo a consolaram, porém, ela desconversou. Não se sentia infeliz, apenas emocionada; se ressentia de uma conversa que deveria ter tido anos atrás.

Devolveu ao filho a carta que segurava e solicitou que ele também a lesse. Ricardo, entretanto, pressentindo como ela poderia ser importante, disse:

– Acho que esta carta é nossa, mãe. Eu já li uma, pode ler a outra.

Olívia, então, abriu o pequeno envelope e, para surpresa de todos, havia algo além de algumas folhas envelhecidas e amareladas pelo tempo...

Nos tempos da Roda...

QUE ELA NÃO APAREÇA

Apenas dois bebês foram expostos naquela noite. Irmã Augusta respirou aliviada. Já existiam muitos problemas na Santa Casa, e estava cada vez mais difícil lidar com seis, oito ou dez crianças abandonadas diariamente. Era sempre durante a madrugada que as mães criavam coragem para levar seus bebês à Roda. Como muitas desejavam o total anonimato, aquele horário, quando encobertas pela escuridão, revelava-se o ideal.

Os dois bebês que chegaram seriam pagãos, provavelmente. Ao observá-los, irmã Augusta considerou que o batismo deveria ocorrer urgentemente. Ela não duvidava de que um deles, pelo menos o primeiro a ser entregue, vivesse pouco. O segundo, exposto agasalhado, parecia possuir mais chances de sobrevivência.

E assim foi feito. O batismo ocorreu e os meninos receberam seus nomes, João Macedo Tavares, ao primeiro, e João Batista Tavares, nome do santo daquele dia, para o segundo. Protegida a alma, agora era hora de cuidar do corpo, alimentá-lo, o que era sempre o maior desafio.

Irmã Augusta sabia que a qualquer momento iria aparecer uma das amas de leite à procura de um bebê. Ela sentia certo incômodo diante de algumas delas, um verdadeiro asco, para dizer a verdade. Simplesmente não compreendia como aquela mulher, chamada Maria Dita, jamais conseguira criar uma criança até o primeiro ano de vida. Todas morriam. Desde que a irmã começara suas atividades, Maria Dita já enterrara sete bebês. Quando a via, irmã Augusta se benzia, rogando por proteção, mas não dispunham de outra solução. Caso não fizesse a entrega, a fome cumpriria a sua função.

O registro dos bebês estava feito. Para o primeiro, a jovem irmã apenas lhe anotou o nome e o dia do abandono no velho livro de registros. Não havia mais nada para identificá-lo. Algumas mães certamente sonhavam com a possibilidade de recuperar seus filhos, assim, deixavam com eles cartas, medalhas, correntinhas. Se, ao solicitar o filho de volta, a pretensa mãe nomeasse corretamente os objetos entregues com o exposto, ela poderia recuperá-lo.

E era essa a situação de João Batista Tavares: a criança fora abandonada com agasalho, uma carta e um pequeno crucifixo preso a um cordão. Chamou-lhe a atenção uma mancha de nascença escura sobre o olho esquerdo do menino. Irmã Augusta tratou de registrar tudo cuidadosamente; todos dependiam de que seu trabalho fosse perfeitamente executado, na eventualidade de que, um dia, um bebê tivesse a chance de retornar à sua família.

Agora, irmã Augusta estava realmente cansada. Passar a madrugada naquela função sugava todas as suas energias. Logo cedo, era substituída por outra jovem da irmandade, que prosseguia com as atividades. Mandaria levar os bebês a alguma ama de leite caso nenhuma aparecesse por ali durante a manhã.

Sempre era possível encontrar uma ou outra que estivesse disponível, até porque elas recebiam um escasso pagamento para amamentar a criança até os três anos, período pelo qual teriam sua guarda. Após essa fase, podiam devolvê-las à Santa Casa, que passaria a tomar conta da criança, porém somente até os sete anos de idade.

Nos tempos ainda mais antigos, também existia a expectativa de se encontrar uma escrava, pois seus senhores gostavam de colocá-las como amas a fim de ganhar esse dinheiro. Era sabido que alguns senhores agiam desonestamente. Forçavam suas escravas a abandonarem os filhos na Roda para, no dia seguinte, irem à procura do bebê como se quisessem adotá-los. Dessa forma, criariam-nos à custa dos valores disponibilizados pela Santa Casa. Evidentemente, o dinheiro destinava-se ao senhor, e a pobre escrava nada recebia.

Antes de se retirar para o merecido descanso, irmã Augusta notou alguém – provavelmente uma ama de leite – à porta da Santa Casa. Resolveu abri-la, mas arrependeu-se. Diante dela surgiu aquela mulher vestida em trapos, suja, com vários dentes faltantes e um olhar malicioso, quase maquiavélico, que, ao vê-la, disse:

– Irmã, vim buscar um bebê.

Irmã Augusta respirou fundo, pensou em reagir, mas se sentia indisposta em julgar uma pessoa, mesmo aquela, cujas intenções mostravam-se suspeitas. Desejou que tivesse ido direto para sua cama, em vez de ter atendido à porta.

A jovem irmã não desejava ser culpada pela morte de um daqueles anjinhos. Então, olhou para a mulher e disse:

– Maria Dita... – pela primeira vez, a irmã iria mentir, dizer que não possuía nenhum bebê, mas o destino se impôs e algo muito triste aconteceu.

Nos tempos da Roda...

A VEZ DO DESTINO

Irmã Augusta realmente pretendia despachar Maria Dita. Seu coração pressentia que qualquer exposto entregue àquela mulher não teria um belo fim. Ela sabia que outras amas de leite também não tinham sucesso com os bebês recebidos, mas havia algo de cruel no olhar de Maria Dita, um jeito desleixado, até como se dissesse que estava fazendo um favor à Santa Casa ao se ocupar de seres tão infelizes.

A jovem irmã temia pelas crianças, pois tivera um lar muito amoroso. Seus pais cuidaram dela e de seus quatro irmãos carinhosamente. Quando sentiu o chamado para sua vocação, partiu em busca do destino que considerou inevitável para sua vida. Desejava sinceramente ajudar os pobres e os mais carentes, oferecer proteção, o que sempre fazia. Entretanto, algumas possibilidades estavam completamente fora de seu alcance. Não lhe era possível amamentar as crianças. As experiências com leite de animais fracassaram, os bebês não se adaptavam e também não existia criação suficiente ou braços que pudessem amparar todos os expostos. As amas de leite eram, desse modo, inevitáveis.

Irmã Augusta, porém, já se decidira: jamais entregaria qualquer bebê àquela mulher.

– Cara Maria Dita, não temos nenhum bebê ainda, passe outro dia... – a aposta foi certeira, pois a maioria das amas de leite vivia em bairros distantes da Santa Casa. Seria difícil que a mulher quisesse empreender a viagem novamente tão cedo. Outras amas, mais caridosas, haveriam de aparecer.

– Mas e aquele ali? – apontou Maria Dita no sentido do corredor.

Irmã Augusta se voltou e viu quando Irmã Benedita caminhava em direção a elas trazendo o exposto João Batista Tavares. Irmã Benedita já assumira todas as funções do dia, e, dentre suas tarefas, estava a de dar encaminhamento aos bebês. Não tivera, infelizmente, como escutar a conversa entre irmã Augusta e aquela estranha e perigosa mulher.

Irmã Augusta perdeu a fala ao ver o bebê sendo entregue. Algo dentro dela realmente pareceu se quebrar. Ao vê-lo nos braços da ama, imaginou que,

há não muito tempo, alguém o colocara com cuidado na Roda, protegido por seu cobertor. Será que a mãe que praticara aquele ato o teria feito se soubesse o destino a ser enfrentado por seu filho?

Maria Dita se afastou, arrastando os pés, acomodando a criança como se não existissem grandes diferenças entre ela e um saco de batatas, e seguiu seu caminho.

Percebendo algo errado com sua amiga, irmã Benedita a tocou no ombro e perguntou:

– Algum problema, irmã?

Irmã Augusta olhou para ela, respirou fundo e disse:

– O de sempre, o de sempre.

Fecharam finalmente a porta e se recolheram aos seus próprios destinos.

Nos tempos da Roda...

INCERTEZAS

A distância entre a Santa Casa e o local em que vivia era grande, e Maria Dita só a percorria quando obrigada. Seu quarto ficava em um imenso cortiço, úmido, com uma pequena janela, pouca ventilação e quase nenhuma luminosidade. Havia várias crianças naquele ambiente, todas sujas, malcuidadas e pobremente alimentadas. As que já conseguiam se colocar de pé, ou minimamente engatinhar, perdiam-se pelos corredores atrás de comida; até terra servia como alimento.

Maria Dita entrou em seu cômodo e avistou o desgastado caixote usado para berço. Ainda estava com restos do vômito do último enjeitado. Ela apenas sacudiu o pano e, no momento em que depositaria João Batista ali, ele chorou e a mulher resolveu amamentá-lo. Sentou-se na beirada da cama e deixou que se alimentasse enquanto ela escutava a tosse do seu vizinho de parede: um jovem jogador, vítima de tuberculose. Ela detestava ficar próxima a ele, pois temia adoecer, entretanto, não tinha como pagar por um lugar melhor.

– Chegou, Dita? – perguntou Regina, outra moradora do cortiço, aparecendo repentinamente em seu quarto.

– Trouxe um! – resmungou ela. – Tem uma irmã lá que não gosta de mim. Achei que fosse voltar sem um enjeitado.

– Vou lá ver se pego um. Até que os bichinhos estão vingando.

– Se este aqui tiver mais sorte que os meus outros... – reclamou Dita. – Nunca tenho esperanças, mas...

– O que foi? – interessou-se Regina, identificando uma mudança no tom de voz da mulher.

Antes de responder, retirou o bebê de seu peito e o colocou no caixote. Aproximou-se da amiga e disse:

– Você não está sabendo? Agora as freiras vão querer ver as crianças de vez em quando. Descobriram que algumas amas continuam recebendo o dinheiro mesmo com o bebê morto.

– Vai ficar mais difícil agora, então... – lamentou Regina que, assim como Maria Dita, já havia se utilizado de tal expediente. – Pelo menos surgiu outra oportunidade. Estou pensando seriamente em aproveitar a oferta do Bastião. Ele me procurou de novo, sei lá, se eu parar de receber por algum bebê, digo que morreu e pronto. Pego outro...

– Até elas desconfiarem que isso também está acontecendo. Aposto que vão inventar alguma coisa para atrapalhar a nossa vida. Deviam pagar melhor para a gente cuidar desses enjeitados, que nem as mães quiseram.

– O Bastião te procurou?

– Sim – confirmou Maria Dita. – Mas nunca pegou nenhum dos meus, sempre achou que eram muito fraquinhos.

Regina olhou para João Batista, que dormia tranquilamente, e falou:

– Esse aí parece bonzinho. Se você oferecer pro Bastião logo, pode ser que ele aceite.

– Vou tentar – respondeu Maria Dita. – Quem sabe...

E, tranquilo em seu caixote feito de berço, João Batista não podia imaginar que um destino ainda pior o aguardava.

O CERTO GIRO DE UMA RODA

Quando Olívia saiu do carro e seus pés tocaram os paralelepípedos, lembrou-se de sua infância. Quantas vezes não brincou de pega-pega, esconde-esconde e até de Carnaval naquela velha rua esquecida do mundo. Nem mesmo a prefeitura se ocupou em asfaltá-la, talvez os moradores impedissem, inclusive.

Tudo por ali continuava igual, como há pelo menos trinta ou quarenta anos. Algumas árvores morreram, mas seus tocos permaneceram, rígidos, tomados por plantas oportunistas que se desenvolveram impassíveis ao longo do tempo.

– Chegamos! – disse Marcos, abaixando o banco para que Juliana e Pietro corressem em direção à casa do avô. Do lado oposto, Ricardo desceu e juntou-se à mãe.

– Tudo bem? – perguntou ele, vendo Olívia calmamente observar os arredores.

– Sim – respondeu ela. – Marcos, abre lá atrás, vou te ajudar a retirar as malas. Tem coisas que podem quebrar. Não quero que ninguém mexa.

As crianças chamavam pelo avô, apertando a campainha simultaneamente. De nada adiantava pedir paciência. Elas nem sequer podiam se lembrar da última vez em que visitaram o avô. Aquela viagem sempre precisava ser calculada com antecedência, pois demandava a disponibilidade de todos.

Férias! Não podia haver oportunidade melhor. Marcos havia conseguido somente alguns dias de folga no trabalho e logo teria de retornar à sua rotina. Entretanto, Olívia e as crianças poderiam permanecer por mais tempo. Frequentemente ela ficava na expectativa de que seu pai, o velho Aparecido, se reunisse a eles no Natal. O homem prometia, garantia ter tudo programado, mas, no último segundo, cancelava a viagem.

Claramente ele vivia numa solidão voluntária.

– Pai! – exclamou Olívia ao vê-lo abrindo a porta.

Imediatamente as crianças pularam sobre o avô, curiosas por ver aquele homem tão distante. Ampliando a tensão, elas se ocupavam em observar, de forma pouco discreta, uma cicatriz mal-explicada em um dos dedos da mão, sempre devidamente escondida. Era algo feio, como se o dedo tivesse sido costurado em sua mão. Olívia correu a fim de socorrê-lo e abraçou seu velho pai entre sorrisos e lágrimas.

Ricardo observava atentamente. Era o último da fila para os cumprimentos. Simplesmente não conseguia compreender por que fora o destinatário daquelas cartas, tão importantes e, ao mesmo tempo, tristes. Quando terminou de ler, seus pais perceberam que novas perguntas surgiram. As respostas não poderiam ser meramente obtidas por telefone. E como Aparecido finalmente pretendia revelar o passado, talvez fosse a hora de encontrá-lo pessoalmente.

Ao entrar na casa, Olívia notou que quase nada havia mudado. Era como se sua mãe ainda estivesse por ali e pudesse surgir da cozinha a qualquer momento. Olívia se admirou ao ver seus filhos se acomodando em seu antigo quarto, lugar onde sonhara exatamente com aquilo, ter uma família numerosa, barulhenta e levemente desorganizada. Não gostou de crescer sem irmãos, alguém com quem pudesse ter construído uma memória comum. Durante muitos anos se sentiu sozinha e não apreciava aquele sentimento, ao contrário de seu pai, evidentemente.

O resto da tarde não demorou a passar. Foram muitas conversas, organização de coisas na casa, encontros rápidos com os vizinhos remanescentes dos tempos antigos.

No fim do dia, estavam todos cansados, prontos para dormir. Olívia ajeitou Pietro e Juliana enquanto, na sala,

Marcos e Ricardo tentavam puxar assunto com Aparecido. Ele raramente iniciava qualquer tema, mas sempre respondia sobre o que lhe era perguntado.

Ricardo estava ansioso. Observou a sala cuidadosamente, analisando fotos antigas, objetos, e procurava pistas. Em sua fantasia, haveria algum baú cheio de segredos, coisas inimagináveis.

Contudo, o momento se aproximava. Antes de partir, tinham combinado tudo direitinho, principalmente sobre a melhor forma de abordar o vovô. Quando Ricardo viu sua mãe retornando à sala, constatou que a hora havia chegado. Olívia se sentou ao lado de Marcos, conversaram mais algumas amenidades e, de repente, ela fez a pergunta esperada por todos:

– Pai, me diga, por que o senhor não me contou isso? Eu também já fiz 15 anos, sabia?

– Você até podia ter 15 anos, minha filha – respondeu ele. – Mas eu não tinha coragem.

– Agora tem? – perguntou ela, desafiadora.

– Não sei. Faz muito tempo e, provavelmente, é exatamente isso que ainda me falta – concluiu ele. Em seguida, olhou para Ricardo e falou: – Melhor deixar essa história com quem tem muita vida pela frente, não é, meu neto?

Ricardo percebeu que todos os olhares se voltaram para ele, e, imediatamente, recordou da carta e de uma certa Roda, que, ao girar há tantos anos, os trouxeram até ali, uma família com um segredo enigmático prestes a ser desvendado.

SOZINHO... TÃO FRÁGIL

UMA DOR DE MÃE

Por favor, aceitem meu filhinho, que deixo aos seus cuidados. Rogo, por misericórdia, que cuidem muito bem dele, é um anjinho perdido neste mundo, sem culpa de nada, a não ser de ter nascido de uma mãe que não pôde cuidar dele.

Se eu cometi algum pecado, Deus é quem poderá me julgar, mas não posso deixar que meu filhinho pague pelo que não fez. Se tivesse condições, se não estivesse completamente desamparada, eu não deixaria meu anjinho aqui, mas não tenho outra opção.

Nada me favorece.

Ele não tem nome ainda, não tem nada, a não ser a roupinha que cobre seu corpinho fraco e o cobertor.

Com ele está minha correntinha de proteção que peço, deixem com ele, guardem, tenho ainda a esperança de um dia voltar a ver meu filhinho.

Por favor, quando ele estiver mais crescido, mostrem esta carta pra ele, digam que eu sofri muito, que a saudade sempre será eterna.

Filhinho, me perdoe, se não nos encontrarmos nesta vida, tenho fé de que serei perdoada de meus pecados e nos encontraremos na eternidade.

Deus há de permitir.

Com o carinho de sua
mãezinha, um beijo.

Quando Ricardo terminou de ler a carta, todos permaneceram em silêncio. Apenas Olívia secava os olhos discretamente. Por mais que já tivesse escutado o conteúdo daquela carta, não conseguia ficar indiferente àquelas palavras. Como mãe, tinha imensa dificuldade em conceber tal gesto: abandonar um filho. De que maneira alguém teria encontrado coragem para escrever linhas tão tristes?

– Vô? – iniciou Ricardo interrompendo o silêncio. – Então o senhor foi colocado nessa tal Roda?

– Por isso, pai... – prosseguiu Olívia –, que o senhor nunca mostrou um parente, um tio, um primo...?

Aparecido olhava para um ponto qualquer na parede e, aos poucos, começou a falar.

– Sempre me senti solitário, sem pertencer a um lugar no mundo...

– Pai – disse Olívia –, eu jamais soube de nada disso... Não consigo imaginar como foi difícil... Viver tudo isso... sozinho.

As coisas começavam a ser esclarecidas. Olívia agora sabia que seu pai fora abandonado e se identificou bastante com a situação. De certa forma, ela também o fora, pela avó, que, com aquela atitude, privou a futura geração de conhecer suas raízes, sua origem. Durante toda a viagem já havia pensado sobre o assunto, mas ali, diante do idoso Aparecido, realmente sentiu raiva.

Ao observar seu pai tão fragilizado, Olívia temia escutar as próximas palavras, pois não podia considerar que uma história iniciada daquele jeito pudesse ter um final totalmente feliz.

Nos tempos da Roda...

NOVO ABANDONO

Maria Dita estava exausta de sua rotina. Andava cansada de crianças, mas não tinha outros meios, pelo menos aceitos pela sociedade, para se manter. Raramente recebia homens em seu quarto, já que se sentia velha e pouco desejada.

Para piorar sua vida, escutava-se que as amas de leite estavam sendo cada vez menos necessárias. As freiras principiavam a usar leite de vaca para amamentar os expostos; ainda era de forma esporádica, não se tornara um hábito. De qualquer forma, no entanto, tratava-se de um risco.

Cuidava das crianças até onde era possível, porém, alguns de fato morriam rapidamente em razão de doenças. Insetos corriam por todos os lados, não sendo incomum que, ao menor descuido, um rato mordesse os expostos. O parco dinheiro recebido mal cobria seus custos.

Cada vez que morria um bebê, tornava-se um

transtorno ter que avisar as freiras; despachar o corpo nunca era agradável. Maria Dita já estava acostumada com os menores ruídos dos bebês, sabia quando havia ou não esperança. Se alguma febre surgisse, bastava esperar, não existiam recursos a fim de comprar remédios ou chamar um médico. Essas soluções existiam somente para os ricos, para quem vivia longe dali e achava que a situação da Roda era uma coisa boa. Antes dela, as pobres mães largavam seus filhos nas portas dessas famílias poderosas, com a expectativa de que tomassem conta deles. Entretanto, esses bebês podiam simplesmente amanhecer mortos nas soleiras, ter o triste destino de serem devorados por animais de rua, ou até mesmo se tornarem escravos.

Maria Dita conhecia essa realidade, nada lhe era surpresa. Ela mesma já havia perdido filhos, provocado abortos. Sabia como trazer uma criança ao mundo e também como tirá-la dele.

Fazia agora uma semana que estava com o exposto recolhido da Santa Casa de Misericórdia, e, inevitavelmente, o infeliz começava a perder a cor. Ele estava bem melhor do que os recebidos nos últimos tempos, o que a fez pensar, inclusive, que aquele fosse vingar. Porém, se continuasse naquele ritmo, em menos de um mês definharia até a morte.

Uma decisão precisava ser tomada antes que ela perdesse todo o poder de barganha. Decidiu, certa tarde, chamar Bastião em seu quarto e lhe mostrou o exposto.

– Aqui está ele – falou Maria Dita, retirando o menino de seu cobertor sujo.

Bastião se aproximou interessado, observou a criança como quem examina um pedaço de carne e disse:

– Este está bem... está corado... é branco... Serve!

– Já tem comprador pra ele?

Desconfiado pela pergunta, o homem tratou de dissimular seu interesse.

– Para essas coisas nunca se pode ter certeza. Pode ser que não gostem do tamanho, do cheiro... Garantia nenhuma.

– Mas esse aqui está bonito – falou Maria Dita.

Novamente, o homem olhou João Batista, procurando manter-se indiferente, e disse:

– Posso levar comigo. O pagamento é aquele que te falei, nem mais, nem menos.

Avaliando que o dinheiro corresponderia a quatro meses do oferecido pelas irmãs, a ama não teve qualquer dúvida: entregou o bebê a Bastião. Quando o homem se afastou, ela ficou muito contente, pois ele fedia a fumo velho.

Agora, era pensar no futuro. Daria um tempo e diria às irmãs que o bebê havia morrido. Bastião era uma saída perfeita. Ela iria fazer bom uso do dinheiro recebido e ainda poderia continuar recebendo os valores da Santa Casa.

– Ela está logo ali!

Maria Dita escutou essa frase e também reconheceu a voz que a emitiu. Ficou surpresa, pois parecia que Regina a procurava, ou passava para alguém a sua localização. Curiosa, aproximou-se da porta de seu quarto e levou um susto. Jamais, nem em seus piores pesadelos, imaginaria que uma situação tão perigosa estivesse prestes a acontecer.

Nos tempos da Roda...

MOTIVOS TRISTES

Quando Maria Dita se deparou com irmã Augusta diante da porta de seu quarto, achou que fosse desmaiar. Ainda no corredor, pôde ver Bastião se demorando em sair do cortiço, pois conversava com outras mulheres. Ela torcia para que o bebê não chorasse. Lamentavelmente, a freira não estava sozinha; irmã Benedita a acompanhava.

As freiras procuravam disfarçar, mas estavam chocadas pela situação do local. Visitar os expostos nas casas às quais haviam sido destinados era uma prática antiga, porém, rara por ali. Embora irmã Benedita já conhecesse aquela realidade, as duas irmãs tentavam controlar o mal-estar produzido pelo odor fétido e pelo calor excessivo daqueles corredores apertados.

– Viemos ver o João Batista – disse irmã Augusta, com simpatia ao encontrar Maria Dita, que, por sua vez, mostrou-se desconcertada.

A mulher passou a mão pelo corpo, olhou pelos cantos e logo tomou a decisão que julgava correta. O trabalho que ela prestava era, afinal de contas, necessário e fundamental. Muitos bebês haviam falecido durante sua guarda, no entanto, vários sobreviveram. Ao vender o exposto colocado aos seus cuidados, tinha lhe oferecido uma possibilidade de vida única, talvez ele jamais encontrasse algo parecido. Entretanto, se revelasse a verdade, poderia ir presa. Alguns crimes não eram tolerados, e esse era um deles. Por fim, encarou as irmãs e declarou, simplesmente:

– Morreu!

O sorriso de irmã Augusta se desfez imediatamente.

– Morreu? Mas ele estava tão bem, bonito...

– Foi de tosse! Pegou na semana seguinte à que chegou aqui...

– Mas já faz três meses – indignou-se irmã Benedita. – A senhora deveria ter nos avisado, o dinheiro lhe foi entregue...

Percebendo o erro cometido, Maria Dita gaguejou, procurando se corrigir:

– Morreu na semana passada, ia mandar avisar... Também fiquei doente e...

Irmã Augusta viu o pequeno cobertor do garoto e o recolheu. Teve a impressão de que ainda estava quente.

– Que triste... – prosseguiu irmã Benedita.

– Já levaram o corpo do infeliz – e, como se nada mais importasse, Maria Dita adiantou: – Devo ir retirar outro, em breve, tenho muito leite...

Irmã Augusta quase se esqueceu de que entre seus votos exigiam-se o perdão e a piedade. Observando aquela mulher, sentiu nojo. Ansiava sair dali rapidamente.

– Vamos embora – disse ela. – Vou levar o cobertor do menino, pode ser útil para outra criança.

– Não vai fazer falta – concordou Maria Dita. – Usava pouco, aqui faz bastante calor.

Irmã Augusta segurou as lágrimas e saiu na sequência de irmã Benedita, que liderava o caminho até a porta. Foram desviando de crianças que engatinhavam pelo chão imundo, acariciaram outras, sempre sujas, e se despediram de algumas amas, ainda amamentando.

Então, saindo de um quarto, um homem barbudo, magro e com roupas amarrotadas deu-lhes um encontrão. Elas, intuitivamente, começaram a abaixar a cabeça, humildemente, quando irmã Augusta ouviu um ruído familiar, um murmúrio de bebê, que a fez olhar para os braços do homem e ter uma imensa surpresa...

DOCUMENTOS PERDIDOS

"Como seria a vida de alguém ao descobrir que, aos 15 anos, ela era outra pessoa?".

Esse pensamento atormentava Ricardo. Ele conhecia seus pais e irmãos. O garoto imaginou que perderia o chão se descobrisse, subitamente, estar vivendo uma mentira. Para onde iria? Conseguiria amar aqueles indivíduos, que, de repente, se tornariam estranhos? Por que o teriam enganado? Teria tido uma vivência melhor com outra família? E como seria ela? Será que o amariam também?

– Tudo bem, filho?

Ricardo estava sentado na pequena varanda da casa quando sua mãe se aproximou.

– Sim, mãe. Só não consegui dormir direito esta noite.

– Somos dois – sorriu ela. – Fiquei pensando nas coisas que seu avô nos contou.

– Eu também... Mãe, você não sabia de nada daquilo?

– Bem pouco. Ele não costumava falar da vida dele. Quando eu era criança, achava estranho que não tinha tios, primos, ninguém por parte do meu pai. Agora eu entendi. Seu avô não queria que os outros tivessem preconceito comigo, mas eu sofria do mesmo jeito – riu Olívia. – Como sempre fui a garota mais alta da sala, girafa foi o apelido mais bonzinho que me colocaram.

– Você sentia falta de tios... Eu também – riu Ricardo. – Você não tem nenhum irmão, então, só tenho tios por parte do papai.

Olívia olhou para o filho e comentou:

– É verdade. Eu queria tanto ter tido um irmão ou uma irmã... Teria sido legal. Por isso tive logo três filhos, assim vocês não vão ter o mesmo problema.

– Eu ia gostar de ser filho único – brincou Ricardo. – Ia ficar tudo pra mim.

– Duvido. Mas acho que meus pais não iam conseguir cuidar de mais um. Minha mãe sempre foi meio doente, tadinha...

Depois disso, ficaram em silêncio, olhando a rua. Ainda era cedo, e pela rua de paralelepípedos passavam poucos carros. Uma fina névoa parecia se desprender daquelas pedras antigas e gastas.

– Será que ele nunca quis saber toda a história, mãe?

Ela olhou para Ricardo e disse:

– Mas como é que ele poderia saber?

– E se a gente tentasse ajudar, sei lá, ir a um cartório, tentar achar alguma informação.

– Ele já fez isso, filho. Não tem nenhum documento, em nenhum lugar...

– Eu sei, ele falou, mas na época não tinha internet, essas coisas. Tem um professor de história que vive dizendo isso, os dados estão por aí, escondidos, se alguém procurar, acha.

– Filho, é uma boa ideia. Pode ser um caminho...

– Mãe, tô com fome! – disse Pietro, abrindo a porta repentinamente e colocando um fim inesperado naquela conversa.

Olívia, amorosamente, levou o filho para dentro, em direção à cozinha. Vendo tal cena, Ricardo se lembrou de tudo o que escutara na noite anterior e lamentou que seu avô jamais tivesse recebido aquele carinho tão especial: o amor da mãe.

UMA NOVA MULHER

– Como é? Seu avô foi colocado na Roda?

O funcionário do cartório estava acostumado a receber todo tipo de questionamento, porém, aquela era a primeira vez na qual um garoto chegava, num início de manhã, com uma pergunta tão inusitada.

– Sim – respondeu Ricardo, que decidira ir ao cartório na mesma manhã em que conversara com sua mãe. Ela pretendia ajudá-lo, mas Juliana amanheceu enjoada, requerendo cuidados caseiros. Além disso, o pai, Marcos, já havia retornado à cidade e Olívia se viu sozinha para cuidar de tudo. Como ele não estava disposto a passar o dia inteiro sem fazer nada, resolveu investigar a história.

– Eu não conheço... Até ouvi falar, mas não sei como funcionava.

– E não tem ninguém aí pra dar uma dica?

– Peraí, vou chamar o Roberval – o homem saiu por uma porta e voltou com um senhor de cabelos brancos, gorducho e levemente calvo, que tinha os óculos presos por uma espécie de colar ao redor do seu pescoço. – É esse garoto aqui, Roberval.

O movimento no cartório se intensificava e o funcionário precisou ir ao balcão atender o público. Ricardo ficou sozinho com Roberval, para quem tal assunto não era totalmente desconhecido. Nem mesmo as pessoas idosas mencionavam aquele tipo de história, assim, também lhe pareceu curioso tamanho interesse manifestado pelo menino.

– Venha comigo. Vamos conversar lá dentro – Roberval abriu uma portinhola e Ricardo adentrou o espaço; um lugar cheio de arquivos velhos, com as gavetas identificadas por etiquetas amareladas. Livros de variados tamanhos e cores. Alguns pareciam de couro, vastamente desgastados pelo tempo. Chegaram a um acanhado escritório com mais estantes ainda, inclinadas em razão do peso dos livros, havia também uma mesa cheia de papéis, carimbos e uma quantidade imensa de clipes espalhados. O senhor puxou uma cadeira e disse:

– Pronto, aqui teremos sossego. Pode sentar aí. Então, você é neto do seu Aparecido Benvenuto.

Ricardo, surpreso, perguntou:

– O senhor conhece meu avô?

– Claro, esta cidade é muito pequena, a gente mais

antiga se conhece perfeitamente. Faz tempo que não vejo seu avô, mas a Roda...

– E o senhor tem alguma informação? Eu queria saber...

– Pouca coisa, somente de ouvir dizer. Seu avô é muito quieto... O povo que diz...

– O quê? – interessou-se Ricardo.

– Havia bastante preconceito contra as crianças deixadas na Roda. Os moleques zombavam do seu avô, diziam que ele tinha sido abandonado.

– Meu avô me contou que o homem que o criou nunca foi de dar carinho, que o tratava como empregado... Batia, castigava, até que um dia...

– O que foi?

– Ele recebeu uma carta – continuou Ricardo. – Quando ele começou a ler, entendeu melhor seu passado...

– Quando eu nasci, seu avô já era até casado, essa história é velha... Meus pais falavam do menino da Roda, que vivia sozinho – comentou Roberval. – Eu me lembro do seu avô ter vindo aqui, há muitos anos, mas não conseguimos ir além do que ele já sabia.

– Pensei que com a internet fosse mais fácil, que a gente tivesse a chance de encontrar alguma coisa – falou Ricardo, decepcionado.

– Você já tentou?

– Achei pouca coisa, só informações históricas. Não tem documento nenhum.

– Espera um pouco... Deixa eu ver o que tenho... – Roberval digitou algo em seu antiquado computador de mesa e aguardou. Surgiram umas letras verdes. Ele ajeitou os óculos e observou os dados. Em seguida, se levantou e foi até as estantes. Correu com os dedos pelas lombadas dos livros e acabou puxando um exemplar bem velho. Depois o colocou sobre a mesa, abriu e mostrou para Ricardo. – Este é o registro de casamento do seu avô – o menino se aproximou, curioso. – Seu avô deve ter apresentado uma certidão de nascimento para poder se casar, mas não ficou nada por aqui. Talvez ele tenha uma cópia na casa dele...

Ricardo examinou as anotações feitas naquele livro antigo e comentou:

– Falta o nome do homem que criou ele. E ele também não disse...

– Oras, isso é mais ou menos fácil de descobrir...

O relato de Roberval tornou-se uma grande novidade. Ricardo ficou surpreso, aquela história era mesmo cheia de segredos e personagens esquecidos. Roberval anotou em um pedaço de papel o nome de uma senhora idosa, dona Cassiana, moradora de um bairro próximo, e

alertou o garoto que, se ele pedisse com jeitinho, possivelmente obteria alguma informação adicional.

Ricardo saiu do cartório e ligou para sua mãe a fim de contar as novas informações, mas o telefone não foi atendido. Lamentou, pois gostaria de saber a reação dela a respeito de outro assunto que o vovô Aparecido nunca tinha revelado.

Ele teve uma namorada!

Nos tempos da Roda...

TEMPOS CONFUSOS

Quando irmã Augusta viu João Batista no colo daquele homem, levou um susto. Ela o reconheceu imediatamente; viu a mancha de nascença sobre o olho esquerdo do menino. Maria Dita havia mentido.

"Por que ela teria feito isso?", pensou a irmã.

Intuitivamente, ela disse:

– Esse bebê...

O homem compreendeu que aquela situação poderia lhe causar algum problema. A proximidade da porta de saída lhe favoreceu; o caminho estava livre e ele fugiu, deixando as duas irmãs atônitas, imóveis. Irmã Augusta fez menção de segui-lo, porém foi impedida por irmã Benedita.

– Ele está com o João Batista, o menino não morreu, quero entender o que está acontecendo por aqui... Ele pode ter roubado a criança...

– Não podemos ir atrás dele – argumentou irmã Benedita. – O que vamos fazer? Veja, ele está longe! Nem sabemos para onde está indo. Pode ser perigoso.

Irmã Augusta suplicava, mas irmã Benedita a detinha pelo braço, segura de sua decisão.

– Quero falar com Maria Dita – dizendo isso, irmã Augusta retornou rapidamente pelo corredor e entrou no quarto da mulher, que se mostrou praticamente indiferente com sua presença.

– Esqueceu alguma coisa? – perguntou Maria Dita.

Irmã Augusta procurava as palavras certas. Sua natureza era dócil, sempre fora uma jovem bastante calma, assim, não sabia de que maneira interpelar aquela mulher que, agora, lhe parecia tão fria, indigna.

– Eu vi João Batista nos braços daquele homem, ele não morreu. Por que você mentiu?

– Não sei do que a irmã está falando.

– O bebê, o bebê que estava aos seus cuidados. Você acabou de dizer que ele morreu.

– E morreu mesmo! – respondeu Maria Dita, impassível.

– Mas eu acabei de vê-lo, ele estava com aquele homem, um magro, barbudo...

– Não sei de quem está falando – insistiu a mulher. – E, depois, esses bebês são todos parecidos, a irmã deve ter se enganado.

Não, irmã Augusta tinha certeza absoluta. Reconheceu a mancha de nascença que lhe chamara a atenção tão logo vira o bebê, não havia qualquer dúvida de que se tratava de João Batista.

Finalmente, irmã Benedita a alcançou e demandou que partissem. Irmã Augusta encarava Maria Dita sem acreditar que alguém chegasse a mentir daquela maneira. Seus olhos se encheram de lágrimas, ela só desejava uma resposta, mas a mulher passou a fingir que organizava alguma coisa no quarto e a ignorou. Sentindo-se obrigada a se retirar, irmã Augusta disse:

– Que Deus tenha piedade de sua alma!

Por fim saíram. Ao atingir a rua, a luz do sol lhe pareceu redentora, como se houvesse esperança de localizar o garoto. Porém, ao verificar os arredores, não existia caminho que pudesse seguir a fim de realizar seu intento.

– Calma – pediu irmã Benedita. – Temos que voltar, o trajeto é longo e estará escuro quando retornarmos.

– Eu não entendo – repetiu irmã Augusta. – O menino estava lá dentro, por que ela mentiu, dizendo que ele havia morrido há uma semana? O que ela poderia ganhar? Vai até deixar de receber o dinheiro. Nós vamos ter que registrar isso, não vamos?

Irmã Benedita olhou para ela enquanto subiam na carroça que iria levá-las de volta e comentou:

– Irmã Augusta, você tem um coração muito bom... Não compreende certas coisas...

– Que coisas? – interessou-se ela.

– Também já fui como você, ainda não consegui me acostumar com tudo, mas... Precisei me tornar forte, se não fosse por isso e pela minha vocação, não sei o que teria acontecido. Acho que foi um erro trazê-la aqui.

Irmã Benedita desconfiava de tudo o que iria encontrar, afinal, não era sua primeira visita à casa de um dos expostos, no entanto jamais presenciara uma situação tão dramática. Considerou que fora a divina providência que a determinara para acompanhar irmã Augusta naquele dia, pois, caso a jovem tivesse tomado alguma atitude impensada, poderia ter corrido grande perigo.

– Seja qual for o destino do bebê... – prosseguiu irmã Benedita – ... a alma dele já está salva, recebeu o batismo, lembra?

Aquilo confortou bastante irmã Augusta, mas, ao tomar conhecimento do que lhe foi dito em seguida, percebeu que deveria rezar pelo pobre João Batista.

ALGUMAS FLORES NO JARDIM

Ao deixar o cartório, Ricardo julgou ter feito algum progresso. Descobrir que seu avô tivera uma namorada antes de se casar com sua avó Joana era algo bastante interessante, pois aquilo jamais fora comentado. Talvez fosse um grande segredo, até.

Ricardo seguiu as indicações dadas pelo senhor Roberval e tomou a condução para o distante local em que vivia dona Cassiana. Ele não sabia o que esperar, nem sequer se ela o receberia, mas precisava tentar. Apenas quando já estava na metade do caminho considerou que teria sido oportuno telefonar previamente.

Saltou do ônibus no ponto indicado e saiu em busca da rua. Era o começo de uma tarde quente e o bairro estava silencioso, com pouco movimento. Ele sentiu sede e vontade de pedir um copo d'água em alguma daquelas casas simples, que pareciam fazer parte de um conjunto habitacional. Um muro baixo as separava da rua e, em seguida, um jardim dividido por uma alameda levava a um lance de três degraus de escada que terminavam em uma espécie de varanda coberta. Mais alguns passos e se atingia a porta de entrada. Embora parecessem todas idênticas, vários aspectos promoviam determinada personalização: um nicho de santo, jardins displicentemente cuidados e as cores das casas.

Observando as residências, acabou se aproximando do número procurado. Para sua surpresa, havia uma senhora com uma mangueira aguando o jardim do local ao qual ele se destinava. Ela usava um vestido que lhe cobria os joelhos e, na cabeça, um chapéu de palha impedia a visão de seu rosto.

O garoto se aproximou cautelosamente. Seria ela? O que ele faria? Perguntaria seu nome? E se não fosse a pessoa que estava procurando? Pediria para chamar dona Cassiana, mas como se apresentaria?

– Bom dia! – disse a senhora ao vê-lo.

– Bom dia! – respondeu ele.

– Está quente hoje, mais do que o normal. Esse sol quer matar as minhas plantinhas.

– Ainda bem que a senhora está molhando, eu também estou com sede – comentou Ricardo.

– Ah, espera um pouquinho, já te dou um copo de água.

A senhora desligou a mangueira, entrou em sua casa e, sem demora, retornou com um copo d'água sobre um pratinho.

– Não está gelada, infelizmente, eu acabei de colocar na geladeira. Se quiser mais, eu pego.

– Obrigado – respondeu ele. – Eu estava precisando.

– Você não parece que é daqui – prosseguiu ela.

– Não sou...

– Tá passeando? Procurando alguém?

Ricardo pensou por alguns momentos, demorou-se com o copo de maneira a reter a presença da senhora e falou:

– Eu estou procurando a dona Cassiana, a senhora conhece?

Ela ergueu o chapéu, olhou Ricardo com atenção e falou:

– Esse é meu nome e, que eu saiba, só existe eu com ele por aqui. É comigo mesmo? Acho que não te conheço.

– É verdade – respondeu ele colocando o copo de volta no pratinho. – Foi seu Roberval que me deu seu endereço...

– E ele está bem? Quase nunca vou ao centro.

– Ele mandou um abraço. Então... Sabe o que é? Eu realmente precisava falar com a senhora...

– Pois fale! – disse ela, curiosa, apoiando-se no pequeno portão de madeira. – Faz um pouco de tempo que ninguém diferente fala comigo. Seus pais moram na cidade? Talvez eu conheça, olhando melhor, você me lembra alguma pessoa...

– Minha mãe é daqui...

– E qual é o nome dela?

Ricardo respirou fundo e disse:

– Olívia dos Santos Benvenuto...

A expressão da mulher se modificou imediatamente, e, naquele momento, Ricardo percebeu que ele havia perdido o controle da situação. Ou ela prosseguia ou o mandava embora, fim de questão. Os segundos seguintes demoraram para passar, mas, finalmente, a decisão havia sido tomada.

UMA FUGA APAIXONADA

Na casa de dona Cassiana parecia não haver nada novo. Essa foi a primeira impressão de Ricardo ao entrar. Eram móveis envelhecidos de madeira, um sofá amarelo, bem-cuidado, mas desgastado, uma TV ultrapassada, alguns quadros com casais elegantemente vestidos em paisagens campestres e muitas, muitas fotos, algumas em preto e branco. As coloridas estavam desbotadas.

Tão logo entraram, ambos se sentaram e dona Cassiana se mostrou bastante interessada.

– Então você é neto do Aparecido... Como ele está? Faz tanto tempo que não o vejo – lamentou ela. – Mas, me diga, por que você estava me procurando?

– Bom – disse Ricardo. – Tudo começou com uma carta.

E ele fez seu relato, desde o presente de aniversário em forma de carta até as descobertas no cartório. Ela não o interrompeu e manteve o olhar impassível enquanto escutava a história. Ao final, balançou a cabeça e falou:

– Sabe, certas coisas que os antigos faziam... Judiavam muito da gente... Deixaram marcas, mas o tempo passou

– comentou ela. – Eu fiquei anos sem tocar nesse assunto de namorado, do passado. Não se podia nem falar, mas bem que eu quase fiz uma loucura naquela época.

– Qual? – perguntou Ricardo.

– Quase fugi com seu avô – riu ela. – Como éramos corajosos... A gente se gostava muito, não queríamos nos separar de jeito nenhum. Minha família jamais ia aceitar... Tudo imensamente romântico, ingênuo. Eu tinha acabado de ler a história de Romeu e Julieta e achava que a vida seria um eterno romance. Nossa, faz tanto tempo! Quer um suco?

– Não, obrigado – respondeu Ricardo, surpreso com a desenvoltura da senhora. Ela falava sem procurar pelas palavras, livre de ressentimento. Relatava os fatos com riqueza de detalhes, como se aquela história pertencesse a outra pessoa. – E por que vocês não ficaram juntos?

– Meu querido, que lembranças você me trouxe! – riu ela. – Não podia nem pensar nisso, até para proteger os filhos. Mas agora... Certas coisas não voltam, foi um tempo bom... Ou poderia ter sido, nunca vou saber. Também poderia ter dado tudo errado e talvez minha família, no fim, estivesse com a razão – divertiu-se ela. – Era impossível eu me casar com seu avô porque ele era um "filho da Roda".

– Ele não tinha culpa de nada! – reclamou Ricardo. – Ele não pediu para ser colocado lá.

Ela respirou fundo e disse:

– Sim, é verdade... O preconceito não tem lógica alguma. Ainda está cheio de gente assim por aqui, gente besta.

Dona Cassiana explicou que o estigma da Roda era imenso. O Aparecido era considerado um indivíduo sem passado, podia ter "sangue ruim". Uma moça de família não seria capaz de se unir a alguém dessa origem. Os estudos, inclusive, haviam sido diferentes. As meninas aprendiam em uma sala, e os meninos, em outra, jamais se misturavam. Mesmo assim, ela conhecia os garotos e nunca tinha visto Aparecido entre eles. A vida do avô de Ricardo se resumia ao trabalho. Ninguém sabia muito bem a razão pela qual ele fora levado até a cidade. Certa vez, seu Olegário, marceneiro, chegou com aquele menino e o colocou para trabalhar em sua oficina. Era muita responsabilidade para uma criança, um perigo. Ele precisava lidar com um maquinário que serrava madeira e quase perdeu um dedo em determinada oportunidade.

– Eu já vi uma cicatriz na mão dele, mas ele sempre esconde, a gente até se esquece dela – lembrou-se Ricardo.

– Sim, ele costumava esconder, principalmente de mim, de vergonha – disse dona Cassiana. – Eu mostrei para ele que eu não ligava, que aquilo não tinha a menor importância.

Aparecido só aprendeu a ler e a escrever porque um vizinho, o senhor Inácio, se compadecia da quantidade de trabalho a que o sujeitavam. Toda noite aquele senhor se oferecia para ensinar a Aparecido as primeiras letras. No início, ele se mostrou bastante desconfiado, pois não estava acostumado a receber nenhum tipo de carinho ou atenção especial. Com o tempo, percebeu que o vizinho era uma boa pessoa. Viúvo, sem filhos, gostava de ver o garoto instruindo-se, interessado. Aparecido agarrou a oportunidade com unhas e dentes.

Já o marceneiro achava tudo aquilo uma bobagem, bastava aprender uma profissão que isso já seria suficiente para assegurar o sustento ao longo da vida. Porém, acabou permitindo o estudo do garoto, desde que a produção não fosse prejudicada. Nada de ficar caindo pelos cantos. No entanto, acontecia: algumas vezes, Aparecido se metia a ler os livros recebidos do vizinho madrugada adentro e levantava cansado. Foi assim que quase perdeu o dedo e ganhou a tal cicatriz.

– Vocês iam fugir de verdade? – perguntou Ricardo.

– Sim, estava tudo certo. A gente leu *Romeu e Julieta* juntos. Só não queríamos ter o mesmo fim – riu ela. – Mas ele quase aconteceu.

– E o que impediu a fuga?

– Uma tragédia, ou quase. Vou lhe contar!

Nos tempos da Roda...

PESADELOS

Vários anos haviam se passado e irmã Augusta acostumou-se com o dia a dia da Roda. Ao escutar o som da sineta, rezava e ia ao encontro do bebê exposto. Seu coração precisou endurecer, pois não foram poucas as crianças encontradas nas mais precárias situações, doentes, à beira da morte ou com variadas deficiências. Um dos casos que lhe marcou profundamente foi quando retirou da Roda um bebê já morto, mas com o corpo ainda quente. Talvez tivesse falecido naquele momento, porém, era altamente provável que a própria mãe o tivesse matado antes de entregá-lo. As suspeitas possuíam fundamento porque alguns bebês se contorciam, respiravam com dificuldade ou apresentavam diversos hematomas.

Entretanto, mesmo presenciando os maiores horrores, jamais se esqueceu de João Batista, sequestrado diante de seus olhos. Por meses ela quis acreditar que tinha sido exatamente aquilo, um rapto, mas fora algo pior. Maria Dita havia vendido o menino, provavelmente como escravo. Irmã Benedita lhe revelou essa possibilidade durante o longo caminho de volta daquele cortiço até a Santa Casa. Irmã Augusta chorou muito naqueles dias, de horror, medo e arrependimento.

De qualquer forma, saber que a alma da criança estava salva pelo batismo a reconfortava. Existiam outras mulheres como Maria Dita, cujos bebês não sobreviviam além de poucos meses. Pouquíssimas se apegavam às crianças e decidiam adotá-las; a maioria as devolvia aos três anos de idade.

Os expostos retornados enfrentavam novo sofrimento. As Santas Casas nunca estavam preparadas para recebê-los, e o impacto daquela situação era ainda maior do que o primeiro, quando foram simplesmente largados na Roda. No segundo abandono, as crianças sofriam por ter deixado um ambiente conhecido, onde se sentiam seguras. Agora, tornavam-se apenas mais um ninguém, sem privilégios. Dividiam um cômodo com vários outros expostos, adquirindo doenças, enfraquecendo e, por fim, morrendo.

Mesmo os que conseguiam superar essas primeiras fases não tinham o futuro garantido. Em períodos anteriores, meninos e meninas eram colocados na rua aos sete anos, sem opção. No entanto, sérios problemas surgiram, e a Igreja precisou intervir. Na rua, as crianças ficavam sem a mínima condição de sobrevivência e ninguém desejava se ocupar delas. Transformavam-se em um transtorno público.

As meninas, por sua vez, estavam sujeitas a um destino cruel: a prostituição. Era comum que garotas com dez anos de idade se prostituíssem em bordéis. A Igreja não podia permitir que a honra delas fosse posta em risco. Por isso, Casas de Assistência foram criadas para recebê-las, com a intenção de lhes darem educação, proteção e até um pequeno dote ao se casarem. Embora fossem boas ideias, os planos não ocorriam como desejado ou planejado; muitas vezes as internas mais velhas ensinavam o pouco conhecido às aprendizes. Por muito tempo, e até depois do fim da escravidão, as garotas prosseguiam sendo alugadas por famílias ricas para executar serviços domésticos.

Outra saída, potencialmente pior, era o casamento. Todas as meninas da Roda tinham direito a um dote, entregue ao marido quando elas se casassem. Diversos rapazes pretendiam apenas colocar a

mão nesse dinheiro. Depois disso, tratavam a esposa como escrava, impingindo-lhes, inclusive, pesados castigos físicos e psicológicos.

Para irmã Augusta, a Roda era mesmo um massacre. Conversando com as demais freiras, descobriu coisas realmente terríveis. As crianças expostas na Roda de Milão, na Itália, recebiam uma tatuagem de dupla cruz, ou seja, estavam estigmatizadas permanentemente. Outra rotina chocante ocorria na cidade de Cachoeira, no interior da Bahia. Lá não havia Roda, assim, as crianças abandonadas seguiam até a capital, Salvador, de carroça. Os expostos vinham empilhados uns sobre os outros e muitos acabavam morrendo. Tamanho era o descuido que alguns caíam, sendo esmagados pela tração das rodas, e ninguém percebia. Finalmente, irmã Augusta parou de perguntar a respeito do assunto e se esforçou a fim de propiciar às crianças, nem que fosse por um breve momento, algum conforto.

Os dois meninos de nome João, recolhidos naquela distante madrugada, jamais saíram de sua cabeça, justamente pela disparidade do destino de cada um deles. Um tão acarinhado, o outro, abandonado sem qualquer recurso, nada que importasse ou sugerisse um retorno de sua mãe, nem sequer um sinal de arrependimento. Nunca mais ela encontrara na Roda um bebê tão bem-cuidado como João Batista. Por vários meses, esperou que a mãe dele pudesse aparecer e reclamá-lo de volta. Depois de todo o ocorrido com Maria Dita, teve pesadelos. Imaginava a mãe do menino retornando e pedindo por seu filho, provando que conhecia perfeitamente os objetos deixados com a criança. Sempre acordava assustada e se confortava rezando.

No entanto, aquela situação não poderia durar eternamente, e o acaso se impôs novamente fazendo com que irmã Augusta tomasse uma decisão a ponto de afetar a sua vida e a de outras pessoas de forma cruel e definitiva.

SONETOS E BILHETES

Na casa de dona Cassiana, Ricardo ficava surpreso com tantas histórias inéditas. Sentiu-se, de certa forma, um detetive, ao descobrir fatos que, provavelmente, nem mesmo sua mãe desconfiava. Ele concluiu ter sido beneficiado pelo fator tempo. Se Olívia, na idade dele, tivesse encontrado com a senhora e feito as mesmas perguntas, fracassaria, pois dona Cassiana ainda teria marido vivo, filhos para criar e deveria manter o passado quieto, adormecido.

Agora, com oitenta anos de idade, os medos e os preconceitos já tinham perdido a importância, e o que parecia tão secreto simplesmente deixou de ser. As palavras vinham sem dificuldade, como se tivessem sido preparadas dia a dia à espera daquele momento no qual sairiam sem censura.

– Sabe – disse ela –, tudo começou quando eu pedi um armário novo. Eu estava crescendo, ganhando vestidos... Naquele tempo, não existiam tantas lojas de móveis, precisava ser tudo medido, certinho... Minha mãe decidiu chamar o marceneiro para ir em casa e...

– Meu avô veio junto – adivinhou Ricardo.

– Isso! – riu ela. – Nunca que naquela época um rapaz iria entrar no quarto de uma moça solteira como eu, mas não teve jeito. Ele chegou com seu Olegário e escutaram as instruções de mamãe. Eu observava de longe, só ouvindo, reparando no moço misterioso que mexia nas minhas coisas. Até fiquei um pouco incomodada, mas, confesso, estava bastante curiosa.

– Curiosa? – interessou-se Ricardo.

– Sim. Aqui havia poucos habitantes, já disse, e era normal que na escola estivesse a grande maioria dos jovens. Acabávamos conhecendo todo mundo da nossa idade. Menos o menino exposto...

– Ninguém conhecia meu avô? – estranhou Ricardo.

– Culpa dele mesmo! Ele não podia ir à escola porque seu Olegário proibia, mas, eventualmente, acontecia alguma festinha na praça e mesmo assim ele não aparecia. Só na missa ele era visto, mas quando terminava ele voltava correndo direto pra casa. Então, ao vê-lo dentro da minha casa, fiquei interessada. Até consegui escutar a sua voz... e gostei – riu ela. – Achei bonita.

Dona Cassiana explicou que os encontros se deram mais uma ou duas vezes, quando eles vieram checar algumas medidas e instalar o armário. Terminado o serviço, ao abrir uma gaveta, ela achou um pedaço de papel com o nome dela. Tratou de escondê-lo antes que sua mãe o visse e, ao se sentir segura, o abriu e encontrou um soneto de Shakespeare. Ficou surpresa, pois nunca tinha lido nada daquele autor, porém, achou bonito.

No dia seguinte, procurou livros dele numa modesta estante na escola e localizou apenas dois, *Hamlet* e *Romeu e Julieta*. Pediu autorização para ler as histórias e conseguiu. Uma moça não podia ler qualquer livro naquela época, mas, como o autor era considerado alta literatura, foi possível obter a permissão. Encantou-se com a história dos apaixonados e do amor impossível entre eles.

Ficou grata porque, pelo intermédio do jovem Aparecido, acabou conhecendo um dramaturgo tão especial. Imaginou se teria alguma chance de agradecer pelo bilhete misterioso.

– Ele passou a não ir embora da missa tão rapidamente – riu ela. – Percebi que ele me olhava, esperava por algo. Eu não tinha como me afastar da minha mãe, mas acabei encontrando uma maneira.

– E o que aconteceu? – perguntou Ricardo, reparando na senhora atentamente. Ela estava achando tudo bastante engraçado, a forma pela qual tinha despistado os adultos a fim de fazer exatamente o que desejava.

– Se dois jovens decidirem se encontrar, eles dão um jeito. Eu vigiava minhas filhas, tomava cuidado, mas sabia que, se elas quisessem namorar alguém que eu fosse contra, elas conseguiriam – riu ela. – Eu mesma, cercada por tios, irmãos, primos e tias, tive sucesso, imagina hoje em dia.

– É só olhar no celular – comentei. – E o que a senhora fez?

– A mesma coisa que ele, escrevi um bilhete. Aproveitei um domingo, na saída da missa, e vi que ele me observava. Então, deixei cair um papel no chão.

– E se alguém pegasse? – entusiasmou-se Ricardo.

– Não ia ver nada de mais – comentou ela. – Somente um trecho de *Romeu e Julieta*, totalmente inocente.

– E o que vocês fizeram depois?

– Oras, eu vi quando ele pegou o bilhete e começou a ler... Na semana seguinte, repeti a ação. Ele recebeu vários, mas eu nunca deixava cair no mesmo lugar. Eu sabia que ele estava me olhando e que pegaria onde quer que eu deixasse. E ele começou a fazer a mesma coisa, só que, pra mim, era mais difícil, várias vezes eu voltei sem os bilhetes dele.

– Que pena – reclamou Ricardo. – Meu avô deveria ficar triste.

– Logo ele deu um jeito – respondeu ela. – Ele passou a colocar os bilhetes sempre no último banco da igreja.

Quando eu estava prestes a sair, me voltava para fazer o sinal da cruz e via se havia algo pra mim. Eu fingia arrumar a meia e pegava.

– E o que tinha escrito?

– Nosso autor favorito, o que mais? Acho que enviamos *Romeu e Julieta* inteirinho por meio daqueles bilhetes – gargalhou ela. – E ficamos nisso até...

Dona Cassiana se abanou e foi aí que Ricardo percebeu que a história não estava somente começando como também esquentando.

... BILHETES

Durante muito tempo, Cassiana e Aparecido trocaram mensagens. Jamais foram descobertos. Apenas em um momento, por causa de um leve descuido, uma amiga de Cassiana a viu lendo um bilhete e quis saber o que era. Ela disfarçou e a outra se esqueceu do assunto.

Tudo mudou, ou pelo menos provocou o início de algo mais sério, quando um circo surgiu, atração sempre importante naquela época em que a TV ainda nem existia na cidade e o rádio talvez se mostrasse o maior entretenimento disponível.

Ao chegar, o circo se instalava em algum terreno baldio e os artistas passeavam anunciando as atrações. Ficavam por ali alguns dias, e a mera presença da lona armada e de tanta gente diferente já se tornava razão suficiente para causar burburinho.

Calhou de, certa tarde, os dois se encontrarem diante do circo. Aparecido não era tratado na cidade como um pária, uma pessoa a ser evitada. Ele era reconhecido como um jovem trabalhador, que nunca provocava qualquer incômodo. Pesava sobre ele, entretanto, o estigma de ter vindo da Roda, de não ter família. Conversar com ele deixara de ser um grande problema, porém, ninguém jamais aceitaria o envolvimento do rapaz com um de seus familiares.

Aparecido era dotado de imensa timidez e sua cabeça estava sempre voltada ao trabalho. Os primeiros anos vivendo com seu Olegário serviram para moldar seu jeito de viver; ele logo conheceu seu lugar. Porém, o contato diário com seu Inácio, o vizinho, lhe propiciou algo além da capacidade de ler e escrever. Por meio dos livros, das histórias que ia conhecendo, ele passou a sonhar de maneira mais concreta e percebeu a existência de mundos diferentes dos que conhecia. Sonhara até em viajar, entrar em um navio, como alguns personagens faziam, e desaparecer oceano afora.

Seus sonhos adolescentes, porém, estavam mudando. Desde que conhecera Cassiana, sentiu algo novo, uma sensação inédita identificada apenas como carinho. Ele sentia afeto pela garota, mas isso lhe causava temor. Havia bastante tempo que evitava se afeiçoar ou criar algum vínculo com as pessoas. Depois de tantos abandonos, acreditava não pertencer a lugar algum. Frequentemente, possuía o temor de que tudo lhe seria tirado e teria que recomeçar a vida em outro lugar, com pessoas estranhas e, possivelmente, em condições ainda piores.

Então, se permanecer em um lugar lhe parecia tão impossível, como alimentar afeto por uma pessoa?

– Seu avô era muito tímido – lembrou dona Cassiana. – Acho que se eu não tivesse me aproximado, nunca teríamos trocado uma só palavra.

– E o que a senhora falou?

– "Olá! " – riu ela. – Eu estava, como quase toda a população da cidade, tentando ver alguma coisa dentro do circo. Foi aí que achei o Aparecido num cantinho, quieto, e resolvi me aproximar.

– E o que ele fez?

– Tomou o maior susto – divertiu-se ela. – Mas pelo menos me respondeu.

– Ufa! – disse Ricardo – Pensei que ele havia fugido.

– Quase! Conversamos um pouco, mas somente enquanto o circo ficou por ali: uma semana inteirinha. A gente se via todos os dias.

– E ninguém desconfiou?

– Que nada – riu a senhora. – Eu falava que ia ver o circo e pronto, não precisava ficar inventando um montão de desculpas pra sair de casa. Desde que eu não fugisse com os artistas, estava tudo bem – gargalhou ela.

– Teve até uma moça que fez isso, mas daí já é outra história, longa...

– E sobre o que vocês conversaram? – perguntou Ricardo.

Nesse momento, o garoto percebeu uma leve alteração na voz da senhora, que não se mostrou tão animada quanto antes.

– Sobre tudo e sobre nada. Quando a gente é jovem, sempre quer mudar o mundo, mas... raramente alguém quer apoiar novas decisões, que pareçam estranhas... – reclamou ela. – Aqueles dias foram bons. Parecia que a gente estava fazendo alguma coisa errada, mas não estávamos. Ele tinha mais medo do que eu. Até me deu o nome de alguns livros para eu procurar, ler... Afinal, não existia somente *Romeu e Julieta*...

– E depois que o circo foi embora, o que aconteceu?

– Aí não teve mais jeito – respondeu ela. – Eu já havia me acostumado com ele... e ele comigo! Eu sentia falta daquelas nossas conversas diárias. Acabamos encontrando outras maneiras. Ele deixava bilhetes perto de casa, à noite, quando ninguém via. Aqui era muito escuro. Eu depositava outro no mesmo lugar... Tantas mensagens... Bem, já que comecei, vou te contar tudo. Mas olha, se prepare, vai ser bem difícil eu sorrir daqui para a frente.

Nos tempos da Roda...

O INESPERADO

Não era frequente que irmã Augusta saísse à rua. Tinha contato com o mundo exterior apenas durante alguma tarefa excepcional, como uma visita de caridade. Pareciam-lhe estranhas, portanto, algumas situações com as quais a maioria da população já estava acostumada a lidar, ou quase.

As reclamações contra os meninos de rua eram frequentes. As crianças se ocupavam em roubar e ficar à toa a maior parte do tempo, sem qualquer ocupação. Muitos acabavam machucados, ou até mesmo mortos, em razão de brigas ou acidentes. As doenças entre eles se espalhavam rapidamente.

Em uma das vezes nas quais viu essas crianças, irmã Augusta se assustou. Reconheceu a maioria delas. Em um dos grupos, sem qualquer exceção, todas tinham sido expostas. Recordou-se de cada um dos rostos sujos daqueles seminus infelizes, completamente desprotegidos. Embora as condições de vida ali não fossem as ideais, até pouco tempo estavam na Santa Casa. Já a sobrevivência na rua tornava-se um verdadeiro milagre.

Irmã Augusta mais e mais se fechava em seu mundo, rezava diariamente pedindo a salvação de todas as crianças. Invejava as irmãs que endureceram o coração ao ponto de zelar somente pelos fatos diários. Ela, pelo contrário, gravava na alma o rosto dos expostos que passaram por suas mãos. E tão poucos eram os sobreviventes que estes acabavam tocando-a quase como se ela própria fosse mãe deles.

O último elo de suas piores lembranças estava prestes a se quebrar. A imagem do homem fugindo com João Batista lhe era um tormento. Passava por um período de insônia e falta de apetite. Lamentava não ter tomado o bebê dos braços daquele sequestrador, investido contra ele. Qualquer atitude que pudesse ter tomado, até mesmo gritar, talvez tivesse ajudado. Sua culpa permaneceu intocada por todos os longos sete anos transcorridos desde então.

Preservou para si os objetos deixados com o garoto. Nunca mais ela encontrou um exposto tão bem paramentado. A mãe dele certamente deve ter sofrido muito ao abandoná-lo. Provavelmente, caminhava diante da Santa Casa tentando saber sobre o filho.

Irmã Augusta jamais teve outra notícia de João Batista. Até tentou descobrir alguma coisa, consultando viajantes e demais amas de leite, mas não obteve novas informações. Com o tempo, acostumou-se a não ter notícias de vários dos expostos e compreendeu que a vida seria daquela maneira, repleta de lacunas.

Porém, algo bastante improvável aconteceu. Aquele que parecia ser o mais infeliz, fadado a morrer prematuramente, o outro João, abandonado quase exatamente no mesmo horário que o João Batista, sobreviveu. Levado por uma ama que o tratou com carinho, acabou atingindo os três anos e retornou para a Santa Casa. Chegou franzino, fraco e chorava pelos cantos, mas, lentamente, foi se acostumando com a nova rotina. Irmã Augusta o tratava carinhosamente, colocava-o no colo e lhe mostrava as flores do jardim sempre que possível. Ao vê-lo crescendo e se desenvolvendo, sentia uma profunda culpa por inicialmente tê-lo desprezado em razão das condições em que chegara, desprovido de tudo. Ela tinha certeza de que ele não sobreviveria.

Quando João Macedo retornou à Santa Casa, irmã Augusta levou um susto, mal podia acreditar. Assim, sentiu-se na obrigação de tentar se redimir de seu julgamento incorreto, do que considerou falta de caridade cristã ao permitir se envolver por um bebê apenas porque ele aparentava ter sido mais amado do que outro. Jurou corrigir tal situação tão logo tivesse uma oportunidade. Embora jamais desconfiasse como aquilo iria ocorrer, uma chance surgiu e, pedindo perdão pelos novos pecados que poderia estar cometendo, fez algo por João Macedo que mudaria totalmente a vida daquele garoto.

Nos tempos da Roda...

UMA MUDANÇA DE DESTINO

João Macedo crescera, tornara-se um menino frágil, tímido, mas pelo qual irmã Augusta desenvolvera grande empatia. Não encontrava paz nesse pensamento, pois não era permitido pelas regras da Santa Casa demonstrar preferência por um dos expostos, porém, no íntimo, era assim que se sentia.

Decorridos sete anos, o menino deveria seguir outro destino; não poderia permanecer na Santa Casa. Em outras localidades já existiam casas de ofício ou recolhimento que se comprometiam a zelar pelo cuidado dos expostos após certa idade, entretanto, a realidade da região de irmã Augusta era muito cruel. Praticamente não havia recursos, e a pobreza dos arredores mostrava-se alarmante. As opções para o garoto se apresentaram bastante limitadas.

Franzino como era, não sobreviveria aos trabalhos e castigos das forças militares. Apenas prolongaria um já duradouro sofrimento. Vê-lo ser colocado na rua destruiria irmã Augusta. Encontrar com João Macedo mendigando ou roubando a fim de comer seria devastador.

Dentre as opções, a que lhe parecia melhor era a de que ele fosse aceito por algum mestre artesão para aprender uma profissão. Ao retirar um exposto naquela condição, o mestre deveria lhe pagar um salário a ser entregue à Santa Casa. O menor só teria direito ao dinheiro quando, em plenos direitos de sua maturidade, pudesse requerer os valores depositados. Entretanto, havia o outro lado. Os mestres obtinham mão de obra extremamente barata e pessoas dóceis, incapazes de reagir às agressões do dia a dia, as quais não eram poucas. Tal situação era considerada até mesmo filantrópica.

Um dia, ao se deparar com a irmã Augusta no corredor, irmã Benedita lhe disse:

– Você me pediu para te avisar e... surgiu uma oportunidade para seu menino.

Era assim que irmã Benedita se referia a João Macedo.

– Alguém o aceitou como aprendiz? – perguntou ela.

– Mais do que disso! – respondeu irmã Benedita. – Um homem quer adotá-lo, de uma vez. Acho que está tudo encaminhado...

Ao escutar que estava tudo encaminhado, irmã Augusta entrou em pânico. Não competia a ela tomar as decisões sobre o destino dos expostos, apenas cuidar para que ficassem minimamente bem. Por várias vezes, foi surpreendida com a ausência de algum deles, que poderia ter sido em razão de morte, adoção e até mesmo de fuga. Correu à sala da irmã Gertrudes e, quando entrou, João Macedo passava as mãos nos olhos, parecia ter chorado. Ao lado dele estava um homem que a encarou sem qualquer expressão, e que, de imediato, ganhou a antipatia de irmã Augusta.

Ela compreendeu o que estava acontecendo, solicitou permissão à irmã Gertrudes e se aproximou do garoto.

– João, escute... Você vai embora... – ela não conseguiu segurar as lágrimas. Ao perceber que chorava, ergueu-se e saiu da sala.

Era por esse motivo que irmã Gertrudes jamais avisava a respeito da adoção de um exposto. Desejava evitar situações como aquela e diminuir o padecer de todos. O importante era que o menino havia encontrado um lar, alguém para cuidar dele, alimentá-lo, quem sabe educá-lo adequadamente, inclusive. Não era uma sorte reservada a qualquer um.

Irmã Augusta, ao se abaixar e ver os olhos perdidos do seu garoto, tomou a decisão acalentada há tempos. Foi ao arquivo onde estavam guardados os pertences dos expostos e encontrou a carta e a medalhinha de João Batista. Não se iludia imaginando que o verdadeiro dono fosse precisar daquele material. Por sua experiência, e até pelo que julgava uma fraqueza de sua fé, considerava nunca mais rever o menino. Assim, achava injusto que tudo aquilo se perdesse, que uma esperança, um desejo de amor ficasse para sempre preso ali, na Roda. Recolheu os objetos e retornou à sala.

Surpresa ao revê-la, irmã Gertrudes permitiu sua entrada novamente. Dessa vez, ela não se dirigiu ao menino, mas ao homem que já o segurava pelas mãos.

– Aspiro lhe pedir humildemente um favor. Estas são as posses do menino – entregou ao homem a carta e a medalhinha. – Esta carta é dele, mas, agora, ele não vai conseguir entender. Gostaria que o senhor jurasse aqui, diante da cruz de Cristo, que só irá lhe entregar esta mensagem quando ele estiver maior e puder compreender todos os fatos, com 15 anos.

O homem, surpreso, pegou o envelope e, sem opção, respondeu às religiosas:

– Prometo... Juro.

Dito isso, o coração de irmã Augusta se acalmou. O destino de João Macedo estava traçado e ela não teria mais nenhuma lembrança daqueles dois meninos. O tempo e as orações haveriam de lhe curar as feridas.

Então, pediu licença e se retirou. João Macedo a observava com um pedido de ajuda no olhar, já de saudade, de quem não pretendia deixar outra vez um lugar conhecido. Ela ignorou o olhar, saiu pelo corredor e, até onde pôde ser ouvida, chorava compulsivamente.

INSPIRAÇÃO: CLÁSSICOS

A alegria de dona Cassiana deixou de ser a mesma. Não que ela tivesse ficado triste, entretanto, não comentava mais o passado com a mesma vivacidade. As lembranças seguintes a haviam marcado profundamente. Ela já tinha se acostumado com os bilhetes que Aparecido lhe deixava durante a noite. No início, eles não eram frequentes. Porém, conforme Aparecido ganhou segurança, tornaram-se diários, uma rotina. Todos os dias, depois do trabalho, ele escrevia um bilhete, comia alguma coisa e saía para dar uma volta.

Seu Olegário achou estranha aquela mudança nos hábitos do rapaz, mas, como ele estava dando conta do serviço, não o incomodou. O objetivo de Aparecido era bem-definido. Quando parte da cidade dormia e as ruas estavam quietas e escuras, ele se aproximava da casa de sua amada e depositava um bilhete dentro de um pequeno vão de uma árvore, uma espécie de concha rasa, que podia ser coberta com folhas. O lugar era tão perfeito que, mesmo durante uma chuva, era possível deixar o bilhete sem que ele se molhasse.

Na manhã seguinte, sem levantar suspeitas, Cassiana ia até o local e retirava sua mensagem. Não respondia diariamente porque temia que ele pensasse que ela fosse uma "daquelas moças", mas tinha vontade. Algumas vezes sentia necessidade de ficar perto dele, conversar. Embora adorasse as mensagens e a discreta sensação de perigo, imaginava o dia no qual poderia se livrar delas e prosear calmamente com ele, sem tantas artimanhas.

O tempo foi passando, e, aos poucos, Cassiana percebia a aproximação de Aparecido. Como o quarto dela possuía a janela voltada para a rua, com o silêncio e a atenção aguçados, escutava os menores ruídos nas folhas secas. Quando criou coragem, aproximou-se da janela e tentou ver pelas frestas o que acontecia. Na primeira vez que identificou o vulto de Aparecido, seu coração palpitou. Viu o momento no qual ele caminhou em direção às velhas árvores que cresciam num imenso terreno em frente à sua casa. O que ele fez em seguida, porém, a deixou desconcertada.

Tão logo deixou o bilhete e sentiu segurança de voltar à rua, Aparecido parou diante da casa e olhou para a janela. Cassiana prendeu a respiração, já que teve a impressão de ter sido vista. No entanto, nada indicava que fosse verdade. Em outra mensagem, quando ela lhe fez exatamente essa pergunta, ele disse que não a via, apenas desejava se sentir próximo dela. E as coisas correram dessa maneira por alguns meses.

Em uma noite de calor, quando dormir com a janela levemente aberta não causaria qualquer suspeita, Cassiana repetiu o costume de observar Aparecido. Ao pressenti-lo, ela subitamente apareceu na janela. Se ela o tivesse visto perfeitamente teria notado o belo sorriso no rosto do rapaz. Incrédulo, e um pouco amedrontado, ele saiu dali correndo, pois teve a impressão de que estava fazendo algo imensamente incorreto.

Nas vezes seguintes, Aparecido retornou com a expectativa de reencontrá-la. Aquele hábito foi, aos poucos, gerando confiança, e logo a jovem Cassiana ficava à janela espreitando, em breve acenando e, pouco além, sussurrando frases curtas como: "Até amanhã", "Nos veremos na missa"...

Durante o dia, Cassiana observava o ambiente ao redor de sua casa com curiosidade, procurando por uma oportunidade que lhe permitisse ampliar as formas de contato com Aparecido. Isso tinha virado ideia fixa e ela não era de desistir ao colocar uma coisa em sua cabeça.

Seus pais jamais aprovariam aquela situação, mas ela estava certa de que não fazia nada de errado. Aparecido revelava-se diferente dos demais rapazes, todos desprovidos de romantismo. Cassiana acreditava que nenhum daqueles garotos mimados da escola teria a coragem de, noite após noite, levar bilhetes para ela.

Cassiana já podia afirmar que gostava muito de Aparecido, um gostar bem distinto, algo nunca sentido por alguém. Antes de conhecer tal sentimento, sentia-se tranquila, em paz, porém, uma emoção dentro dela havia sido despertada.

Alguma coisa haveria de acontecer, o momento certo quando ela poderia extravasar e contar aos seus pais que Aparecido não era um garoto comum, mas parte importante de sua vida.

E as palavras trocadas pelos personagens Romeu e Julieta continuavam a encantá-la, a lhe sugerir caminhos, a ansiar por um toque de mão e, quem sabe, a ousadia de um beijo. Com a bela história daquele casal na cabeça, elaborou um plano com uma grande probabilidade de sucesso, talvez perigoso, sim, mas incapaz de machucar alguém.

Após analisar os arredores de sua casa e ler novamente alguns trechos do seu livro favorito, decidiu colocar em prática o tal plano.

Estava decidida.

Na próxima noite, Aparecido teria uma bela surpresa!

IMITANDO ROMEU E JULIETA

Ricardo estava impressionado com tudo o que tinha ouvido até aquele momento. Os relatos lembravam eventos de livros, de cinema. Hoje em dia garotos e garotas conversavam com muita facilidade, por diversos meios, e seria bastante improvável alguém ficar se comunicando apenas com bilhetes, sem nunca trocar uma única palavra. Assim, ele se interessava cada vez mais pela história que estava ouvindo.

Dona Cassiana revelou que, na noite em que decidiu colocar seu plano em prática, ficou esperando a chegada de Aparecido. Tão logo o pressentiu, correu à janela e atirou algumas pedrinhas na direção do rapaz.

– Aparecido! Aparecido – sussurrou ela.

Assustado e pronto para correr, ele ainda teve a ideia de olhar para o alto e viu a moça tentando chamar a sua atenção.

– Perdeu o juízo? – cochichou ele. – E se alguém nos pega aqui?

– Está todo mundo dormindo – disse ela. – Não vão escutar nada.

– Como você sabe?

– Já fiz uns testes e ninguém me escutou – riu ela.

– Que bom ver você – murmurou Aparecido, agora mais calmo.

– Tive uma ideia – riu Cassiana. – Vou sair pela janela e te encontrar aí embaixo.

– Ficou mesmo maluca! – reagiu Aparecido. – Não pode fazer isso.

– Posso, sim – respondeu ela, imediatamente colocando as pernas para fora, apoiando-se num pequeno patamar. Em seguida, agarrou-se em alguns galhos compridos e fortes de uma árvore próxima e deslizou pela parede, escorando-se com os pés.

Aparecido não conseguia acreditar no que via e rapidamente correu para ajudá-la. De fato, não se tratava de uma grande altura, mas era necessário alguma habilidade para não se esborrachar no chão.

– Estou aqui, apoie-se em mim – cochichou Aparecido quando ela, finalmente, já estava com os pés próximos da calçada.

– Pronto – falou ela. – Agora vamos sair daqui, alguém pode passar de repente.

Atônito, Aparecido pegou na mão dela e correram para o meio das árvores, um pouco além da qual ele costumava deixar os bilhetes.

– Aqui está bom! – afirmou Aparecido.

– Sim, e a gente ainda tem uma boa visão da rua – concordou ela. – Cadê meu bilhete? Pode me entregar.

O coração de Aparecido batia agitado. Ele nem mesmo encontrava as palavras a fim de se expressar.

– Você não pensa no que faz, moça? Isso é perigoso.

– Eu vi meu gato fazendo isso, acredita? Aí, fiquei pensando, será que esse galho me aguenta? Era minha única dúvida, mas eu resolvi isso rapidinho. É uma mangueira e eu vi uns moleques subindo pra pegar manga. Como sou mais ou menos do tamanho deles, pensei que daria certo.

– Mesmo assim, você podia cair e...

– Mas não caí. Enquanto meu pai não cismar e resolver cortar aquele galho solto, eu consigo descer.

– E pra voltar? – perguntou Aparecido.

– Você me ajuda. Só vou precisar de um empurrão – respondeu ela. – Acho que, agora sim, somos Romeu e Julieta.

– Não entendi – respondeu Aparecido ainda tentando organizar os pensamentos.

– A sacada! – riu Cassiana. – Eles não ficavam conversando na sacada? Somos iguais. Mas me dá logo o bilhete.

Aparecido estendeu a mensagem para a garota, que a pegou.

Ricardo interrompeu dona Cassiana naquela parte da narrativa.

– A senhora foi bem corajosa – disse o garoto. – Acho que eu não conseguiria descer uma janela do jeito que a senhora fez.

– Conseguiria, sim – riu ela. – Eu era uma mocinha, ágil, não esta velha que mal consegue andar hoje em dia.

– A senhora está muito bem – corrigiu Ricardo.

– Que nada – lamentou ela. – Naquela época é que era bom. Com o tempo, eu fiquei especialista em descer, quase não fazia barulho e nem precisava do apoio do Aparecido. Se eu não tivesse tomado a iniciativa, acho que até hoje ainda estaríamos trocando bilhetes.

– Teria sido uma pena – comentou Ricardo.

– Sabe, coisas ruins acontecem exatamente quando você pensa que elas não vão acontecer. Parecem seres bem pequenos que ficam te vigiando, te deixam segura, achando que nada nunca vai dar errado, aí você fica confiante, se distrai e...

– O quê? – perguntou Ricardo.

– Isto aqui!

Dona Cassiana mostrou o pé ao garoto e, imediatamente, ele compreendeu tudo.

– A senhora caiu da janela!

– Sim, mas isso não foi o pior. Vou lhe contar.

Ela retomou sua história e Ricardo concluiu que não gostaria de ter estado na pele de seu avô.

LEMBRANÇAS PERDIDAS... E ACHADAS!

Desde que aprendera a sair pela janela, a cada dia Cassiana ganhava maior habilidade. Os pés praticamente encontravam as saliências nas quais ela devia se apoiar, e chegar ao chão já não era mais tão complicado.

Entretanto, em dias chuvosos, tornava-se bastante difícil. Ela tentara convencer Aparecido que não viesse em tais situações. A pequena rua de terra ficava intransitável, os pés afundavam em espessas poças de lama. Porém, para Aparecido, aquilo não era um problema. Ele jamais havia experimentado aquele sentimento e não seria a chuva que iria impedi-lo de fazer algo por quem estava apaixonado.

– Então, vocês já eram namorados? – perguntou Ricardo.

– Acho que essa palavra é muito forte – riu ela. – Não sei se fomos namorados algum dia. Sabe, a gente só conversava rapidamente. Nossos encontros nem de longe se pareciam com os de hoje em dia. No máximo, ficávamos de mãos dadas.

– Jura? – surpreendeu-se Ricardo. – Nem um beijinho no rosto?

– Naquela época? – impressionou-se ela. – Um beijo era coisa séria. Não se dava de qualquer jeito, em qualquer lugar. Aquilo poderia selar um compromisso bastante importante... Isso nunca aconteceu, de verdade. Havia apenas a vontade de ficar junto ou a sensação de estarmos fazendo algo proibido.

– Nunca pegaram vocês, mesmo?

– Quase – riu ela. – Um vizinho comentou que tinha visto uma movimentação estranha na rua, mas, como ele bebia demais, ninguém deu importância.

Como sempre, os encontros prosseguiram, até que, certa vez, a tragédia ocorreu. O galho de sustentação não fora feito para aquele uso. Por mais resistente que ele parecesse, aos poucos, minúsculas fissuras surgiram, deixando-o levemente flexível. Cassiana, inclusive, já havia notado que ele se curvava com maior facilidade, mas jamais pensou que pudesse se quebrar.

E, enfim, aconteceu. Era uma noite calma e quente. Aparecido chegou no horário previsto e esperou que Cassiana se apoiasse. Ele também já estava acostumado com todo o ritual, porém, estranhamente, notou que ela parecia atrapalhada, talvez seu vestido tivesse se enroscado. O

rapaz se aproximou a fim de ajudar, mas antes que estivesse realmente próximo ouviu um estalido e "crec". Em seguida, assistiu, aterrorizado, Cassiana voando de costas de encontro ao chão. Foi terrível, não deu tempo de fazer nada. Ela deu um grito, e, ao atingir o solo, se calou, permanecendo imóvel.

Aquilo bastou para provocar um intenso alvoroço dentro da casa dela e até nas de alguns vizinhos. Aparecido não se importou com nada daquilo, apenas tentava despertar a garota, porém, o alarmava uma poça de sangue se formando ao redor da cabeça dela.

Tão logo abriu a porta e viu a cena, o pai de Cassiana berrou, raivoso:

– O que você está fazendo?

O rapaz foi brutalmente afastado pelo homem que, imediatamente, entrou em pânico ao ver sua filha desfalecida. Tudo piorou quando a mãe dela surgiu, seguida pelos dois irmãos, ainda crianças.

Nesse momento, dona Cassiana interrompeu sua narrativa e disse:

– Você pode imaginar a confusão... No início da madrugada, uma moça caída no chão, com a cabeça aberta. Um moço que não deveria estar ali, acudindo-a, minha mãe gritando, foi o caos.

– E a senhora se machucou muito? – perguntou Ricardo.

– Sim... Pra valer. Quase morri. Eu perdi bastante sangue, me levaram correndo para um hospital e dei muita sorte, pois o médico que me atendeu já tinha participado de uma guerra e estava acostumado a cuidar de feridos. Mas, se hoje em dia as coisas são precárias, imagine naquela época, mais de sessenta anos atrás.

Realmente fazia muito tempo. Escutar uma história como aquela era, de fato, uma longa viagem ao passado.

– Ainda bem que a senhora ficou boa.

– Boa? – riu ela. – Sabe quando eu soube disso tudo? Depois de três meses! Eu permaneci três meses em coma, desacordada, sem me mexer. Todo mundo achou que eu não fosse voltar. Quebrei duas costelas e meu pé virou para trás. Fiquei meio parecida com o Curupira. Por isso que ele é torto até hoje. Nunca mais consegui andar direito.

– Três meses! – impressionou-se Ricardo.

– E foram vários outros para me recuperar completamente. Eu me esquecia das coisas, não reconhecia as pessoas.

– E meu avô? O que fizeram com ele?

– Depois que me socorreram, procuraram saber o que havia acontecido. Colocaram Aparecido na parede e ele sofreu como um condenado. Todo o preconceito apareceu. Disseram que ele possuía alma ruim, tinha me forçado a descer pela janela, que eu jamais faria aquilo sem ter sido obrigada. Talvez tivesse "tirado vantagem de mim"... Tanta mentira, ninguém sabia o que estava dizendo, mas eu não podia fazer nada.

– Coitado do meu avô...

– Sim, pobre Aparecido – falou dona Cassiana. – Até tentaram expulsá-lo da cidade, mas isso acabou não acontecendo. Seu Inácio foi quem mais o defendeu, dizendo que ele era um rapaz esforçado, dedicado.

– E seu Olegário? – perguntou Ricardo.

– Esse aí não fez nada, ficou com medo de perder a freguesia e o castigou na frente de todo mundo, não foi uma nem duas vezes que ele bateu em Aparecido. Ele jamais reagia, pois, no fundo, também se sentia culpado pelo que me aconteceu. Mas não era, de jeito nenhum, porque ninguém me forçou a descer pela janela.

– E quando a senhora ficou boa? Voltou a se encontrar com ele?

– Nunca mais – disse ela. – Fui totalmente proibida. Falaram muita coisa feia dele pra mim, que ele tinha fugido, me abandonado sangrando, que era perigoso e que eu não podia ficar perto de gente assim. Sabe quando eu pude conversar novamente com seu avô e conhecer a versão dele?

– Quando?

– No dia em que sua avó morreu. Ele realmente amava muito a Joana, o sofrimento do seu avô foi terrível. Decidi que precisava ir lá. Eu não sentia mais nada por ele, aquilo tudo tinha sido só uma aventura, maluquice da juventude. Eu guardava carinho por ele e também já mandava no meu nariz. Fui dar meu apoio e, aí, ele me contou o outro lado dos fatos.

Ricardo escutou outras histórias, sobre o gosto de dona Cassiana pela jardinagem, por exemplo. Ele estava entretido com tantas coisas, aprendendo, e pensando que, até a semana anterior, ele não conhecia quase nada do passado de sua família.

Quinze anos... um aniversário de 15 anos... Quem diria que uma simples data pudesse mudar tanto a vida de uma pessoa? Ricardo não era o mesmo de antes. Sua família possuía uma história única, cheia de angústia, mas que, de alguma maneira, fortalecia a todos.

Ele desejava rever seu avô, urgentemente. Findo o encontro com dona Cassiana, retornou para casa com várias respostas e repleto de novas perguntas.

Nos tempos da Roda...

OUTRO ADEUS

Quando João Macedo saiu da Santa Casa guiado por aquele homem estranho, não chorou. Desconhecia para onde era levado, mas pressentiu que nunca mais veria irmã Augusta. Ela só chorava daquela maneira no momento em que uma criança "desaparecia". Vez ou outra, ele sentia a falta de um amiguinho, e, ao consultá-la, ela lhe informava de uma súbita partida, algumas vezes ao encontro de Deus, outras a uma nova vida. A criança talvez tivesse morrido ou seguido para outra casa, simplesmente. João Macedo considerou que ele próprio estivesse seguindo rumo à tal nova vida, um verdadeiro enigma.

Aos sete anos, João Macedo tornara-se um garoto frágil. Sobrevivera a todos os tipos de doenças da infância, às quais sempre estivera exposto. Sua mais antiga memória era a de engatinhar por um chão frio, repleto de sujeira que, inclusive, costumava comer eventualmente.

Seu caso poderia ser considerado raro, pois conseguiu ter sido criado somente por uma ama de leite, Joaquina de Santana, desde o dia em que havia sido retirado da Roda. Ao contrário de outras amas, ela não se incomodava que o menino fosse negro. Julgava uma vantagem, inclusive. Era sabido que a Marinha poderia rejeitar a integração de meninos negros em seus quadros. Se o enjeitado desse sorte, talvez conseguisse ser aprendiz de alguém, obter uma profissão para ter uma vida melhor.

Porém, aquele era um futuro distante. O bebê, antes de mais nada, precisaria sobreviver. Ela já tinha adotado uma menina, igualmente negra, a quem chamou de Tereza. Joaquina não costumava demonstrar carinho gratuitamente, mas se apegara à exposta, justamente por ela lhe lembrar sua avó, uma das poucas pessoas por quem nutrira amor. Decidiu adotá-la, afinal, ela também poderia ser bastante útil.

E Tereza permanecia como a principal lembrança guardada por João Macedo de sua primeira infância. Quando a garota não estava alugada, o que era comum, pois Joaquina a colocava para limpar residências de algumas famílias abastadas, ela se ocupava de brincar com o garoto, de protegê-lo e até cantava para entretê-lo. Restos de melodia, pedaços de canções escutadas nas casas bonitas que frequentava. O menino exposto apreciava ouvir aquela voz tão doce. Provavelmente, tenha sido a única pessoa que lhe dedicou um afeto sincero, sem interesses ou segundas intenções.

Assim, João Macedo conseguiu crescer e se desenvolver naquela casa com duas mães. Ele nunca amou Joaquina, tinha medo dela. Ela agia mecanicamente, com pouca paciência, bruta. Jamais o agrediu, mas também não o estimulava ou praticara nenhum esforço a fim de agradá-lo. Com Tereza o caso era outro; ela era um porto seguro, sentia-se feliz e protegido perto da jovem.

Quando chegou o momento da separação, aos três anos, João Macedo não compreendeu exatamente o motivo de Tereza reunir os seus poucos pertences e lhe entregar, dizendo:

– Meu Minduim. Vou precisar sair. Se Joaquina perguntar, diga que volto logo. É... eu... Olha, hoje você vai conhecer um lugar diferente, um pouquinho longe. Você já foi lá, mas acho que se esqueceu. Nesse paninho aqui, eu bordei seu nome, João Macedo, e coloquei um T, de Tereza, pra você sempre se lembrar de mim.

Ela compreendia que Joaquina iria devolvê-lo à Roda. Tereza implorou por uma nova adoção, no entanto, a mulher estava decidida a não fazê-la. Considerava impossível arcar com as despesas de outra boca para alimentar. Tereza garantiu que trabalharia ainda mais, porém isso não a convenceu. Ela simplesmente não podia se apegar a todos os expostos dos quais cuidava. Cumpria sua obrigação e os devolvia, simples assim. E se dava por satisfeita por constatar que a maioria vingava, ao contrário dos entregues a outras mulheres, habitantes do mesmo cortiço.

Tereza decidiu que não ficaria para ver seu menino ser levado. Tão logo ela saiu, Joaquina entrou no quarto abafado e úmido. Ao perguntar pela garota, João ficou quieto.

– Pronto, agora vamos que o caminho é longo.

Ao saírem da casa, conseguiram um precário transporte até metade do caminho. João Macedo estranhou que tudo aquilo estivesse acontecendo; apegou-se ao pacote dado por Tereza. O menino não se lembrava com precisão dos fatos daquele dia, apenas que, a partir de certo ponto, precisou caminhar, e muito, para chegar à Santa Casa e à sua velha Roda.

A primeira pessoa vista foi justamente irmã Augusta, que sabia exatamente quem ele era, seu outro João, o improvável sobrevivente. A alegria, porém, durou pouco, pois, ao ver o estado no qual estavam os pés da criança, irmã Augusta fez alguns comentários que desagradaram irmã Gertrudes e levaram Joaquina a engolir em seco; a ama não pretendia se desentender com uma serva de Deus.

João Macedo compreendeu que perdia algo, entretanto, como ninguém lhe disse adeus oficialmente, desejou que fosse uma situação passageira, coisa de um dia, mas não... Ao sentir falta das canções de Tereza, perdeu o apetite, começou a emagrecer e ficou doente.

Preocupada, irmã Augusta fez promessas e se dedicou ao garoto. Não pretendia perdê-lo. João Macedo ainda se acostumaria a abandonar diversas coisas, inclusive o paninho bordado que Tereza havia lhe dado.

Por fim, diante de tantos descaminhos, não chorou quando, alguns anos depois, foi outra vez retirado da Santa Casa e guiado por um homem de semblante frio, que o levava, novamente, a um destino ignorado.

Nos tempos da Roda...

RESTOS DE CANÇÕES

Foi um longo trajeto. Resignado, seguiu o homem que o guiava por aquelas ruas tão pouco conhecidas pelo menino, embora ele tivesse vivido na região a maior parte de sua vida. João Macedo começava a deixar sua vida para trás, assim como suas memórias. Sentia medo, mas confiava nas palavras de irmã Gertrudes, de que Deus havia escolhido um novo caminho para ele.

Depois de longas caminhadas e de ser transportado sobre carroças frequentemente lotadas, finalmente João Macedo viu a máquina mais espetacular de toda sua vida: um trem. Mal podia acreditar naquele imenso carro de metal prateado, que, com sua sequência de janelas e portas, o havia deixado tão impressionado.

O homem o pegou pela mão e o levou para seu interior. Algumas pessoas lhe sorriam e ele achava esquisita aquela afabilidade de estranhos. Erguendo a mala que João arrastava, o homem a acomodou em um suporte acima do banco no qual se sentaram. João Macedo se aproximou da janela, enquanto o homem, indiferente, abriu um jornal. Não demorou muito e o trem começou a se mover. Foi-se a estação e logo tudo se transformou em um esparso campo verde, com poucas construções. Vez ou outra, surgiam vacas pastando. Todo esse movimento contínuo chamou a atenção do garoto por algum tempo, quando, cedendo ao sono, adormeceu.

– Levanta, garoto! Chegamos.

João acordou com o homem se esforçando para retirar as malas do compartimento. Desceram do trem já ao anoitecer e retomaram a caminhada. O menino sentia fome, sede e um pouco de frio, mas não reclamou. Não se lembrava de ter visto o homem fazer nenhum tipo de refeição durante todo o percurso. Assim, lhe restava esperar. A rua era de lajotas, nada uniformes, o que atrapalhava seus passos. Afastavam-se cada vez mais das regiões com aglomeração de casas, e novos terrenos baldios se pronunciavam.

Finalmente, o homem parou e empurrou um portão baixo de madeira, material que atraiu a atenção de João Macedo, pois percebeu a existência de muitas ripas e troncos espalhados pelo quintal. Caminharam em direção a uma porta que, uma vez aberta, revelou seu futuro lar. Havia poucas coisas, e tudo bastante rústico. Uma acanhada sala com madeiras espalhadas e móveis incompletos. Dela, partia um estreito corredor que terminava em uma cozinha. Ao atravessá-lo, viam-se duas portas, correspondentes a dois quartos.

– Você vai ficar aqui – anunciou o homem, abrindo a porta de um deles. Em seguida, partiu para a cozinha. Havia uma cama encostada à janela e um pequeno móvel com gavetas. João mal teve tempo de explorar seu cômodo quando o homem retornou e o chamou. – Venha, você deve estar com fome.

O garoto o seguiu enquanto ele colocava pão sobre a mesa. João se serviu do pão seco e de um pedaço de queijo.

– Obrigado – disse ele, fazendo uma prece antes de se alimentar.

Concluído o breve jantar, o homem o encaminhou novamente ao quarto e falou:

– Durma bem. Amanhã começamos. Temos muito trabalho a fazer.

João Macedo nunca tinha se sentido tão só. Chorou, enfim. Lembrou-se do lamento dos cachorrinhos abandonados que choravam a madrugada toda ao serem separados da mãe pela primeira vez. O quanto aquilo irritava os moradores do cortiço no qual vivera em seus primeiros anos. Alguns filhotes amanheciam mortos, pois homens bêbados os atiravam contra a parede. João intuiu, portanto, que seria recomendável chorar quieto. E ali, naquele quarto, o silêncio não era somente dele, mas de tudo, inclusive da noite. Percebiam-se apenas discretos ruídos vindos do exterior.

Sentiu falta do movimento das freiras, das rezas murmuradas, dos sons dos bebês chorando. Até mesmo do sino anunciando a entrega de outro enjeitado. Algumas vezes passava a noite contando aquele som... Imaginava que, um dia, estivera naquela mesma situação.

Deitou-se em sua cama, com medo. As lágrimas prosseguiam, queria conversar com alguém, olhar outra pessoa. A escuridão o intimidava, mas não o amedrontava; pouca luz atravessava as frestas da janela.

João, exausto, pensou em Tereza, que nunca mais vira desde que fora levado de volta à Roda.

Lembrou-se das canções. Cantarolou uma delas na esperança de que o longo caminho percorrido, de alguma maneira, os tivesse aproximado.

Sem resposta alguma, sozinho e ainda com frio, finalmente adormeceu à espera dos longos dias que viriam.

Nos tempos da Roda...

UM OFÍCIO

– Esse aí que é o enjeitadinho?

Essas foram as primeiras palavras que João Macedo escutou em sua primeira manhã na nova casa.

Ao despertar, recebeu como desjejum o mesmo alimento da noite anterior: pão seco e um pedaço de queijo. Ainda teve um copo de café com leite. Comia em silêncio, sem coragem de fazer perguntas. Foi então que, de repente, uma mulher surgiu e, ao vê-lo sentado, proferiu a tal frase.

– Sim – comentou o homem, laconicamente.

– E como é seu nome? – perguntou a mulher ao garoto, que respondeu tão baixo que ela não ouviu. – Esse menino é muito fraquinho, Olegário.

Olegário Benvenuto, era esse o nome do homem que o retirou da Santa Casa. Até então, João ainda não o sabia. A mulher terminou de colocar um saco com roupas sobre uma bancada na cozinha e disse:

– Está tudo lavado. Quer que eu volte na semana que vem?

– Vou pensar...

– Agora tem o menino, vai precisar de roupa limpa.

– Vamos ver... – prosseguiu o homem.

– Vou indo, tenho mais entregas... – ela olhou outra vez o menino. – Tchau... Aparecido – o garoto encarou a mulher, sem compreender, curioso. – Já que não entendi seu nome, vou te chamar assim, Aparecido, afinal, você apareceu por aqui – riu ela. – O meu é Luzia.

Dizendo isso, foi embora.

– Vamos lá fora – disse Olegário. – Tem muito serviço, é bom começar cedo.

O homem o levou para a frente da casa, no local onde poderia estar um jardim. O imóvel ficava em um terreno bastante amplo. Existia, antes da entrada principal, o espaço daquele possível jardim repleto de móveis semiacabados. A área era protegida por um precário telhado. Aos fundos da propriedade, localizava-se um espaçoso galpão no qual se encontravam máquinas e toras de madeira.

Olegário também começava uma nova vida. Ficara viúvo recentemente, sem filhos. Seu casamento durou apenas um ano. Sua esposa contraiu uma gripe que a matou em pouco tempo. Ele considerou o fato um mau presságio e decidiu prosseguir sua vida sozinho. Aprendera o ofício de marceneiro em uma velha fábrica de móveis existente em sua cidade. O fato de gostar de ficar recolhido e usar poucas palavras costumava gerar brincadeiras entre seus amigos de trabalho. O que eles não sabiam, entretanto, era que, tão grande quanto seu silêncio, era também seu mau humor.

Certo dia, diante de uma brincadeira sem graça, Olegário reagiu. Surpreendidos por aquele homem nervoso, diferente de seu estado usual, os companheiros incrementaram as chacotas, e Olegário, de posse de um machado, se tornou violento e agrediu dois trabalhadores. Aquilo foi o suficiente para que ele fosse considerado perigoso. No momento da apuração dos fatos, quando poderia ter justificado seu ato de alguma maneira, preferiu o silêncio e, assim, acabou sendo despedido.

Não se ouviu mais uma única piada sobre ele. As pessoas passaram a temê-lo, a estranhar seu olhar frio e indiferente.

Olegário retornou para sua casa e avaliou suas necessidades. Era um artesão hábil, especializado em cadeiras. Assim, comprou algum material básico e, ali onde seria seu jardim, passou a construir cadeiras. O bairro acostumou-se a escutar serrotes, pregos sendo martelados, sons de ripas caindo, nada, porém, que interferisse na rotina de quem quer que fosse. Os terrenos eram realmente grandes, e a vizinhança, escassa.

Ao trabalhar diante de sua casa, produziu um efeito esperado: a visibilidade. Os possíveis fregueses podiam observá-lo trabalhando, as cadeiras surgindo e, o melhor, o preço era mais em conta do que o encontrado nas fábricas, além de existir a possibilidade de algum tipo de personalização.

O negócio prosperou. As cadeiras, quando prontas, praticamente desapareciam. Compradores de outras cidades vinham às marcenarias atrás de móveis maiores e acabavam se interessando pela produção de Olegário. O homem aceitava as encomendas, reduzidas ao que poderia executar, e as entregava dentro do prazo combinado. Sugestões para que contratasse alguns funcionários a fim de incrementar os negócios eram solenemente ignoradas.

Para ele, havia somente um evento social imperdível: a missa. Todo domingo sua presença era esperada. Após a ocorrência do machado, as pessoas costumavam se manter afastadas, no entanto, por causa das cadeiras e de seu sucesso, a fama de trabalhador voltou a ter força e ele foi aceito novamente na comunidade... Ainda assim, como um cidadão esquisito, recluso.

Ao constatar aquela situação, padre Olavo se compadecia. Não achava correto que um homem, ainda jovem, se mantivesse tão solitário, sem nenhuma família conhecida. Sua esposa, durante as confissões, manifestara a preocupação de que ele passaria a vida toda sozinho, caso ela se fosse muito cedo. O padre prometeu vigiá-lo, ajudá-lo e orientá-lo com o objetivo de que prosseguisse como um bom cristão.

Essa oportunidade se deu quando, em uma visita de caridade, padre Olavo conheceu a grande disponibilidade de meninos sem lar da Roda. Ao tocar no tema de adoção com Olegário, percebeu a rejeição total do homem, pois ele alegava, com convicção, não ter condições de criar um bebê.

Ciente de que aquela não era a única possibilidade, o padre o aconselhou a adotar um menino já crescido, a quem pudesse transmitir seu ofício, dando, assim, uma chance a um necessitado. Foram

alguns meses nessa lida, mas o padre acabou tendo sucesso. Tratou de todo o assunto pessoalmente. Entrou em contato com irmã Gertrudes e lhe contou a história. Confiante no religioso, a irmã se colocou inteiramente à disposição. Exigia-se apenas que alguém fosse buscar o garoto, afinal, ela não dispunha de uma pessoa para realizar tal tarefa.

O padre convenceu Olegário Benvenuto de que encontrara um menino a quem poderia prestar tamanha bondade, e, finalmente, ele foi buscar João Macedo. Ao vê-lo, o considerou muito pequeno, fraco, talvez não aguentasse o serviço pesado. Porém, como tinha empenhado sua palavra ao padre, concluiu a adoção.

Diante de uma pilha de cadeiras inacabadas, João Macedo ainda desconhecia toda aquela circunstância. Olegário lhe mostrou como deveria fazer o trabalho e informou que jamais aceitaria algo que não estivesse, no mínimo, perfeito.

Sentado no chão, com o encosto de uma cadeira em seu colo, João começou a lixar, automaticamente, como se tivesse sido designado para aquilo. Essa primeira atividade profissional haveria de salvar sua vida, e talvez o ajudasse a apagar de sua memória as tristes recordações da Roda.

Nos tempos da Roda...

LIVROS

A curiosidade dos primeiros dias era intensa. Todos queriam ver o "enjeitadinho". Algumas pessoas, até mesmo crianças, passavam diante da casa, ou oficina, para observar João Macedo trabalhando. Eventualmente, havia provocações dos moleques, que atiravam pedras na direção dele, correndo logo em seguida.

Padre Olavo fazia questão da presença do menino na missa, e isso sanou a curiosidade dos moradores. Até mesmo Olegário se tornou uma pessoa de maior aceitação em razão da caridade praticada. Entretanto, João ainda era visto com preconceito, pois determinados cidadãos julgavam que ele poderia ter sido gerado em pecado, e, portanto, traria em si essas marcas. Apoiá-lo sim, mas, em hipótese alguma, conviver com ele.

No fim das contas, Olegário ficou satisfeito. O garoto se mostrava dedicado, trabalhava duro, não lhe dava preocupações e, principalmente, era silencioso. Tão logo ele se revelou um bom lixador, Olegário lhe deu outras atividades que iriam culminar em um braço extra, barato e bastante habilidoso.

Luzia converteu-se em uma boa amiga, e João ansiava pelos dias nos quais ela vinha recolher roupa para lavar. Aquilo nunca havia sido uma séria preocupação de Olegário, pois sua esposa cuidava desse assunto. Porém, agora viúvo, e, em certo momento, sem uma única peça limpa para vestir, percebeu que precisaria lidar com o problema. Luzia se oferecia para prestar qualquer serviço, e ele acabou concordando que ela lavasse suas roupas semanalmente. Desde então, a mulher também aproveitava para colocar alguma ordem naquela casa.

Ela afeiçoou-se ao menino e o tratava com carinho, mas jamais o chamava de João, apenas de Aparecido. Olegário somente o denominava como moleque ou pirralho. Finalmente, Aparecido tornou-se o único nome escutado.

Certo dia, respondeu a alguém que lhe perguntou:

– Meu nome é Aparecido.

Não havendo quem lhe questionasse, assim permaneceu.

Luzia sempre lhe trazia um pedaço de bolo, frequentemente de milho, que ela mesma descascava, ralava e transformava em um bolo rústico, cheio da pele do milho, que ele adorava. O menino não se recordava de ter comido algo tão delicioso. Ela também lhe contava histórias e fofocas, mantendo-o informado sobre os assuntos do lugar.

– Você precisa botar esse menino pra estudar! – disse ela certa manhã, enquanto Olegário tomava um copo de café.

– Pra quê? Nunca estudei e sou dono do meu próprio negócio.

– Os tempos são outros... Ele é inteligente, pode ser alguém na vida.

– Você fala demais, mulher – irritou-se o homem, encerrando a conversa.

O padre, igualmente, fez alguns comentários sobre isso, e Olegário acabou levando o menino à escola, muito a contragosto, pois preferia que ele continuasse somente trabalhando. O agora Aparecido gostou do novo ambiente, da professora e dos livros. Quando abriu um exemplar pela primeira vez, ficou surpreso ao ver aquelas palavras impressas e as figuras. Mesmo não sabendo ler, inventava histórias para as ilustrações encontradas.

Os contratempos, entretanto, revelaram-se maiores do que os benefícios. Os moleques, que antes lhe atiravam pedras, sentiram-se ameaçados pela sua presença. Aquele era o espaço deles, e as agressões tornaram-se rotineiras.

O garoto não era indiferente às conversas escutadas pelos corredores: palavras como mãe, pai, tio, prima, primo ou frases do tipo "minha mãe mandou", "minha mãe não quer" ou "minha mãe não deixa" lhe soavam curiosas.

O que mais próximo tivera de uma mãe, ou irmã mais velha, havia sido Tereza, também irmã Augusta, mas a distância e o tempo já o fizeram se esquecer inclusive da voz da religiosa.

Fosse como fosse, as provocações só aumentavam. Sua passividade despertava a fúria das crianças, que pretendiam desafiá-lo, verificar até quando ele aguentaria tantas ofensas. O limite de Aparecido era o medo, o pavor de retornar à Santa Casa, ou pior, ser atirado à rua.

Por mais atraído que estivesse pelas aulas, sentia falta de seu trabalho. Sua rotina já havia se estabelecido: lixar, cortar, bater prego e pintar eram atividades realizadas com prazer. Procurava caprichar em cada peça, tornando-a um objeto artesanal. Terminou largando a escola, para satisfação de Olegário.

Embora ele tivesse se afastado dos livros, os livros não se afastaram dele. Mais alguns anos se passariam até que um vizinho, seu Inácio, se interessasse pelo garoto e lhe emprestasse diversos títulos. Ali, sim, nasceria o gosto pela leitura. Aquele jovem considerado tão rude teria toda sua sensibilidade despertada por outras vidas descritas em múltiplas páginas. Os personagens estavam retidos nas letras, e ele, em uma Roda, que permanecia girando e girando, como um pensamento constante.

Foi a literatura que o levou a outros mundos, criando expectativas em sua mente; já não era mais tão solitário quanto todos o consideravam. Essa nova liberdade o impelia a enfrentar desafios, situações adversas. Já se permitia andar à noite pela rua, quando todos estivessem dormindo, e até olhava para as garotas da missa de uma forma especial, excitante. Adivinhava um cheiro, observava um movimento, um gesto, alguma linguagem do corpo. E, finalmente, ao pressentir uma possibilidade de ser correspondido, aproximou-se da jovem Cassiana, que lhe retribuía os olhares discretos.

Assim, iniciava-se uma história diferente, com um final completamente inesperado.

QUINZE ANOS

– É mãe, descobri tudo isso!

Olívia não podia acreditar que, em apenas uma tarde, seu filho havia desvendado mais sobre a família do que ela em toda sua existência. Ela repetia, incrédula:

– Namorada? Queda? Cartório? Mas como...

– Sim, mãe, tudo e...

De repente, a campainha tocou. Aquilo bastou para tirar Aparecido de seu quarto, desacostumado com tanta agitação em seu lar. Desde a morte de sua esposa e o matrimônio da filha habituara-se novamente a viver sozinho, em silêncio na maior parte do tempo. Agora, com as crianças fazendo barulho o tempo todo, ele tentava se adaptar àquela repentina torrente de vida que invadira sua casa.

– Quem será? – perguntou ele, se aproximando do pequeno vitrô instalado na porta e que permitia observar a rua. Ao reconhecer a pessoa, considerou ainda mais inusitada a visita. – Roberval?

Ao escutar tal nome, Ricardo se lembrou de seu encontro no cartório. Pensou se teria esquecido algo por lá. Não demorou muito e o homem gorducho e levemente calvo estava na sala de visitas sendo observado por toda a família.

– Boa tarde – disse ele. – Hoje eu conheci seu neto, Aparecido. Bom menino.

Aparecido olhou o neto, curioso.

– E o que você foi fazer no cartório?

– Foi atrás de informações, oras – adiantou-se Roberval. – E, depois que você saiu, achei um documento interessante. Estava lá, num arquivo empoeirado. Se não fosse seu neto, Aparecido, acho que eu nunca teria encontrado.

Aparecido pegou a carta empoeirada, a manuseou lentamente, como temendo receber uma notícia ruim.

– O que é isto, vô?

Aparecido ergueu a cabeça, examinou Ricardo e disse:

– Sabe, meu neto, quando fiz 15 anos recebi o presente mais estranho da minha vida. Aquele homem que me criou, que eu não conseguia chamar de pai, que nunca me cantou parabéns, nada, nenhum carinho, naquele dia ele me falou...

Todos na sala escutaram as palavras de Aparecido com calma. Ricardo ouvia tudo com certa intimidade, pois reconhecia os personagens daquela história. Depois de tanto tempo, Olegário havia se aproximado de Aparecido e avisado que ele tinha um presente. Está certo que ele achou tudo aquilo esquisito, mas, mesmo assim, Olegário cumpriu exatamente o pedido de irmã Augusta, finalmente entregando ao garoto alguns objetos enrolados em um pedaço de pano.

Talvez nem mesmo irmã Augusta pudesse imaginar que, aos 15 anos, o pobre exposto fosse capaz de ler por si só aquela carta. Aparecido abriu lentamente o pano, e a correntinha lhe escorregara por entre os dedos. Olegário apenas o observava. O então João Macedo pegou a carta, leu e, imediatamente, começou a chorar. Era como se todas as respostas de que precisava na vida tivessem lhe sido dadas de uma só vez. Ao ler a mensagem se sentiu amado, percebeu que, como as outras crianças, um dia tivera uma mãe preocupada com ele, que não desejava tê-lo abandonado, mas, por alguma razão, o fizera.

Enquanto escutava a história, Olívia constatou que seu pai se referia à carta anteriormente entregue a Ricardo no dia do seu aniversário. Agora, ela estava bastante curiosa sobre aquela nova carta, repentina, e perguntou:

– E essa aí, pai?

– Achei que ela não existisse – disse Aparecido. – Eu pensei que já tivesse desaparecido... Mas está aqui.

– Também é da sua mãe? – interessou-se Ricardo.

Sem dizer nada, Aparecido, para surpresa de todos, rasgou a carta em muitos pedaços, com raiva, procurando destruir cada centímetro daquele pedaço de papel envelhecido, e desapareceu quarto adentro, às lágrimas, triste, como jamais alguém o vira antes.

Nos tempos da Roda...

CULPA

Após tantos anos na Santa Casa, irmã Augusta envelheceu e já faziam parte de sua memória importantes transformações ocorridas ao longo dos tempos. Agora, as moças podiam, inclusive, vislumbrar algumas carreiras, como a de professora.

Assim, com essas mudanças e com o fim da exclusividade das amas de leite, pois o fornecimento de leite de vaca já era regular, as crianças não precisavam mais viver longe das Rodas, onde dispunham de melhores condições sob o cuidado das irmãs. Existia até uma espécie de uniforme, e os expostos, anualmente, ganhavam uma nova muda de roupa. O problema principal ainda se relacionava ao impacto das doenças. Uma gripe muito forte poderia causar vários estragos, provocando mortes em demasia.

Com todas essas transformações, tornava-se possível estimar o paradeiro das crianças, e o coração da irmã se acalmava. Eles não seriam, como de costume, jogados na rua.

No entanto, lhe era impossível esquecer daqueles dois meninos que acolhera há mais de 15 anos. O pecado de ter alterado a identidade de um dos expostos a afligia com frequência. Considerava ter praticado severos erros. Em conversas com irmãs, era consolada, informada de que eles foram inevitáveis, afinal, ninguém aprendia a lidar com aquela situação de uma hora para outra.

No dia em que João Macedo fizera 15 anos, ela tinha a certeza de que ele já teria recebido sua carta, e, agora, pensava ter a identidade de João Batista. Que mal aquilo poderia causar perante Deus? Mas... E se o outro menino aparecesse, como proceder? Continuaria mentindo?

Uma oportunidade de se redimir surgiu certo dia. Padre Olavo viera fazer uma visita à Roda. Irmã Augusta sabia que era na paróquia dele que João Macedo vivia, e ela foi designada por irmã Gertrudes para mostrar os progressos da Roda, a higiene do local. Todos os expostos portaram seu melhor sorriso para receber o religioso.

– Fico feliz em ver tanto progresso – afirmou o padre.

– Amém! – falou irmã Augusta. – As crianças vivem mais saudáveis... Bem diferentes de...

– Os tempos antigos foram realmente difíceis, mas, com o amor de Deus, já passaram – compreendeu o padre.

Irmã Augusta caminhava em silêncio, procurando por uma chance, e ela apareceu. Existia um longo corredor ladeado por largas janelas que, quando iluminadas pelo sol, provocavam uma bonita sombra nos ladrilhos coloridos. Então, ali, naquela passagem, ela teve a coragem necessária e se atreveu.

– O menino que foi levado daqui, por aquele senhor, para sua paróquia...

– Ah, o filho do marceneiro – alegrou-se o padre. – Ele está ótimo, cresceu...

Então, irmã Augusta começou a chorar. O padre procurou ampará-la, entretanto ela recusou o apoio e disse:

– Padre, eu preciso, preciso lhe contar...

Padre Olavo estava confuso, sem saber o que fazer. Entendeu que ela talvez quisesse se confessar, mas aquilo poderia acontecer em outro horário, lugar. Porém, irmã Augusta já havia se confessado sobre os seus problemas, pedido perdão e, mesmo assim, prosseguia com seu sofrimento.

– Você está passando mal, minha filha?

– Não, padre. Eu gostaria de lhe dizer algo, uma coisa que me atormenta e que eu não consigo mais esconder de ninguém.

– Você quer se confessar?

– Quero pedir sua ajuda!

Então, irmã Augusta relatou todos os eventos ao padre, desde aquele terrível primeiro dia na Roda.

Nos tempos da Roda...

ADEUS, JOÃO

Padre Olavo lastimou ter escutado tudo o que ouviu e pensou que o pobre garoto tinha sido abandonado mais de uma vez na vida. Agora, o menino acreditava que, um dia, tivera uma mãe carinhosa, preocupada em lhe deixar alguma coisa de maneira a compreender que fora amado. Teria, inclusive, inventado um passado que, talvez, o ajudasse a viver.

Tão logo Aparecido descobrisse a verdade, precisaria reconstruir toda sua memória, entender que fora simplesmente exposto sem nada de seu. Como trocar uma doce lembrança afetiva por outra infeliz?

– Deus há de perdoar seu erro – disse o padre.

Ao escutar aquilo irmã Augusta comentou, constrangida:

– Sim, padre, acredito nisso, mas... Nunca vou ter paz? Não há um único dia que eu não lamente minha mentira.

– Há que se desfazer esse mal, então.

– Ele pensa que é outra pessoa, como irá se sentir quando descobrir a verdade?

– Vamos dar tempo ao tempo – pediu o padre.

Em seguida, ele a abençoou e prosseguiram a visita. Na manhã seguinte, pouco antes de partir, padre Olavo se encontrou novamente com irmã Augusta, que lhe entregou uma carta.

– Está tudo aqui, padre. Eu conto o que fiz e peço perdão. Por favor, entregue esta nova carta ao garoto, diga que eu lamento muito. Ele não pode crescer com uma mentira.

O padre pegou o envelope e, durante todo o retorno, ficou pensando sobre o assunto. Contar a verdade realmente lhe parecia a melhor opção, mas quando?

João Macedo tinha se transformado num bom rapaz, jamais faltava à missa. Suas confissões eram tranquilas, seu coração vivia em paz, embora se mostrasse bastante solitário.

A carta parecia queimar na gaveta na qual fora colocada no quarto do padre.

Alguns dias se passaram e ele resolveu ir visitar o jovem em sua casa. Olegário não estranhou; o padre realmente fazia aquilo de vez em quando desde que o menino chegara. Nem sequer achou esquisito vê-lo entregando algo ao seu aprendiz. Ao se despedir, o padre ainda disse ao menino.

– Se quiser conversar comigo, basta me procurar na igreja...

E Aparecido leu a carta. Ela chegou num momento bastante difícil, pois não conseguira mais obter notícias de Cassiana, hospitalizada há dois meses. Olegário só o autorizava a ir à missa, exclusivamente. Seu principal receio era o garoto ser expulso, mas isso não ocorreu. Olegário já dependia totalmente da mão de obra de Aparecido e decidiu mantê-lo na cidade.

Ao terminar de ler a carta, a imagem de irmã Augusta lhe veio à cabeça. Se não convivesse com os problemas de Cassiana talvez tivesse ficado chocado. Agora já não se identificava com qualquer João que fosse.

Voltou a lixar suas cadeiras e, aos poucos, foi ficando com raiva. Nervoso, até, porque a vida parecia lhe tirar todas as chances. Tudo dava errado, e ele considerava que não tinha culpa; não tinha pedido para ser colocado na Roda. Será que se tivesse sido largado na rua teria encontrado maior sorte? Por que sobreviveu, quando tudo indicava que deveria ter morrido? Lamentou que todas as mulheres que entravam em sua vida lhe eram retiradas, cedo ou tarde.

Melhor não se apaixonar, viver solitário como Olegário. Sim, esse seria o ideal; seu pai adotivo desfrutava de bons dias, gostava do seu trabalho. Aquele haveria de ser o destino dele igualmente. Agora, mais do que nunca, ele era o Aparecido, tentaria mudar o nome tão logo fosse possível e jogaria fora todo e qualquer documento antigo. Deixaria o João eternamente para trás.

Sem saber o que fazer com a carta, a colocou dentro de um livro, que acabou sendo devolvido ao seu vizinho. Um sinuoso ciclo se iniciaria: aquele livro seria emprestado para várias pessoas, que jamais o leriam. A carta só voltaria à vida quando, em um cartório que tudo sabia, desde mudanças de nomes até datas de casamento, fosse reencontrada, e um velho funcionário perspicaz juntaria as pontas que a levariam ao seu destinatário primeiro. Este, ao vê-la, num minuto de fúria, a rasgaria em pedaços diante de seus familiares.

No entanto, isso demoraria muito a acontecer, e, até lá, Aparecido ainda iria lixar muitos e muitos móveis.

DUAS VIDAS

Tão logo Aparecido rasgou a carta, Roberval ficou sem reação. Nunca poderia ter imaginado que algo semelhante pudesse ocorrer. Explicou que fazia algum tempo que encontrara o envelope, mas não havia feito todas as correlações necessárias para tentar localizar o destinatário. Ela permaneceu dentro de um velho livro, guardado no fundo de um arquivo. Ele desconhecia como o livro tinha ido parar lá, no entanto, lá estava ele. Foi embora pedindo desnecessárias desculpas.

Olívia tentou reunir alguns pedaços do papel, mas os deixou de lado e partiu para conversar com o pai.

Ricardo observou os restos de papel no chão, pensativo. Se fosse há um tempo, deixaria aquilo aos "adultos", mas, agora, ele já sabia demais a respeito da história da família para simplesmente ignorar o assunto. Assim, terminou de recolher os pedaços e os colocou sobre a mesa. Em seguida, caminhou até o quarto e viu seu avô e sua mãe sentados na cama.

– Desculpa, meu neto. Seu avô ficou nervoso, só isso...

– Tudo bem, vô...

– Não, não está tudo bem – respondeu ele. – Eu sei, vocês vieram aqui atrás de respostas... Eu vou contar... Sabe, eu tinha decidido que nunca mais ia gostar de ninguém... Isso mudou quando eu conheci sua mãe, Olívia. Fiquei com medo, mas não teve jeito. Ela foi a mulher que eu mais amei em toda minha vida. Está muito difícil viver sozinho... Parece que foi ontem que ela nos deixou...

Olívia chorou. Ela também sentia falta da mãe, entretanto, jamais se colocara no lugar do pai, que sempre pareceu alguém absolutamente tranquilo com a solidão. Ela, lidando com seus três filhos, trabalho e compromissos quase sem oportunidade de pensar em algo diferente de seus próprios problemas. Porém, ali, vendo seu pai fragilizado, sentindo-se fraco, aflorou nela a vontade de proteger aquele homem tão sofrido.

Aparecido conheceu Joana quando já tinha passado dos quarenta anos e já se encontrava também em uma situação um pouco melhor. Tornara-se praticamente sócio de Olegário na marcenaria. De fato, o homem andava bastante doente e não sobreviveria ao próximo ano. Após o falecimento de seu pai adotivo, Aparecido herdou a propriedade e, subitamente, se viu sozinho e com todas as responsabilidades. Sua primeira atitude foi a de contratar dois funcionários para lhe ajudar com o negócio, que prosperava. Vieram trabalhar com ele o Estêvão e o Epaminondas. Este último tinha uma jovem irmã que todos os dias vinha lhe trazer uma marmita quentinha. Tratava-se de uma garota bonita, falante. Aos poucos, Aparecido se afeiçoou e aguardava ansioso horário no qual ela iria chegar, até ousava perguntar sobre ela quando, eventualmente, não aparecia.

Assim, displicentemente, o amor nascia: Joana, sua futura esposa. Aparecido acabou ganhando uma família; seu funcionário, de repente, passou a ser seu cunhado. Enfim, aquela descuidada marcenaria foi conquistando a forma de lar. Joana cuidava de cada detalhe, proibiu o trabalho no jardim e encheu o local de flores e plantas coloridas. Apenas o galpão, aos fundos, continuaria como oficina.

E, então, Aparecido precisou repensar toda sua existência no momento em que Joana anunciou a gravidez; ele iria ser pai. Aquilo era algo para o qual ele jamais se sentira preparado. Levou um susto, mas acompanhou a gestação de sua mulher com carinho. Uma nova vida, que viria substituir tantas outras perdidas: padre Olavo, seu pai adotivo e até irmã Augusta, que não resistira a uma forte febre.

Quando Olívia nasceu, Aparecido teve pensamentos confusos, ficou feliz e triste ao mesmo tempo. Alegre por ver sua filha, saudável, apertando seu dedo com a delicada mão, sendo dependente dele para absolutamente tudo. Amou-a incondicionalmente desde o primeiro segundo em que a viu e, portanto, não conseguia imaginar como sua mãe tivera coragem de abandoná-lo na Roda sem qualquer proteção.

Amava sua família e era um sofrimento ter que manter tantos segredos. Sua esposa escutava pelos cantos alguns comentários sobre ser a mulher do bebê da Roda. Não gostava e não compreendia aquilo perfeitamente, até que um dia interpelou Aparecido diretamente. Ele contou o que achou possível. Todas as testemunhas de sua infância já haviam morrido ou mudado de cidade. Por fim, relatou uma bela história, a de que fora um bebê deixado carinhosamente pela mãe, com cartinha e presentes, apesar de tudo. Por ser uma mentira, ele não desejava que ela prosperasse, assim, se fechou a respeito do assunto e nunca mais confidenciou nada a ninguém.

Seu passado, incansável, não o deixava em paz. Sua mulher havia ficado satisfeita com as poucas e usuais explicações, mas tudo recomeçou quando sua filha principiou a lhe fazer as mesmas perguntas. No início, ele dizia simplesmente não se lembrar do assunto e passou a falar cada vez menos.

Olívia casou-se, Joana morreu, não sem antes lhe pedir que contasse aos netos a história de sua família, afinal, eles gostariam de saber sobre o bebê que uma mãe abandonou com tanta dificuldade.

E assim ele o fez, mandou a carta para o neto e considerou estar livre de tudo. A carta seguiria outro rumo, seria parte dos relatos da família, mesmo não sendo a memória e a história verdadeiras.

Entretanto, naquela manhã, ao reencontrar a carta de irmã Augusta, que contava toda a verdade, percebeu que não estava liberto de seus fantasmas, não adiantava tentar calar João Macedo, que desejava contar toda a verdade, já que Aparecido não dava mais conta de guardar duas vidas.

Agora, com sua filha e seu neto no quarto, seu presente e futuro, ele finalmente assumiu o passado e contou tudo para eles. Ao terminar o relato, todos se encontravam com os olhos cheios de lágrimas. As crianças ainda tentaram entrar no quarto, curiosas, mas Olívia pediu que voltassem a brincar.

Aparecido sentiu-se aliviado; de uma coisa agora ele estava certo: o menino João Macedo poderia, enfim, ter um pouco de paz.

O JARDIM

As notícias por ali voavam. Não demorou para que dona Cassiana tomasse conhecimento do que tinha ocorrido na casa de Aparecido. Assim, sem pensar muito, na manhã seguinte, ela tocou a campainha.

– Bom dia, bom dia! – disse ela com toda sua vivacidade, adentrando o quintal. – Este jardim está bastante judiado! Ninguém molha essas plantinhas, não?

Olívia a observava enquanto Ricardo rapidamente lhe contava quem ela era.

– Sabe que a senhora tem razão, dona Cassiana? Minha mãe tomava conta deste jardim, ele era tão viçoso... – concordou Olívia.

– Mas ainda pode voltar a ser. É só arrancar esse monte de mato, molhar um pouco, fazer umas podas... As roseiras vão adorar. Você eu já conheço – disse ela, olhando para Ricardo.

– Eu sou a mãe dele – completou Olívia.

– Claro, vocês têm os mesmos olhos e eu me recordo um pouco de você – beijaram-se e ela foi convidada a entrar. – Com licença, com licença.

Ricardo acompanhou o olhar de dona Cassiana ao transpor a porta. Era de curiosidade e, em alguns momentos, se assemelhava aos olhares críticos que ela deu em direção ao jardim, mas não pronunciou uma única palavra negativa.

– A senhora quer um copo de água, um café? – perguntou Olívia.

– Não, não precisa. Acabei de tomar. Onde está o Aparecido?

Antes de qualquer resposta, ele surgiu no corredor e falou, surpreendentemente bem-humorado:

– Você continua barulhenta! Pretende acordar toda a vizinhança?

– E isso lá são horas de alguém estar dormindo? – riu dona Cassiana.

Ambos se abraçaram e foram para o sofá, relembrar aspectos do passado. Ricardo observou, curioso, os dois juntos e repassou em sua mente todas as histórias contadas por dona Cassiana. Achava bonito vê-los ali, porém, de repente, lembrou-se de sua mãe. Ficou sem saber qual seria a sensação dela ao ver outra mulher conversando tão animadamente com seu pai dentro daquela casa em que ela vivera toda sua infância e adolescência.

– O Roberval é um fofoqueiro – falou seu Aparecido. – A cidade inteira deve estar imaginando coisas... Provavelmente bastante diferentes da verdade.

– Ué, e não foi sempre assim? – riu dona Cassiana. – O povo fala demais.

– E o que o senhor Roberval disse? – interessou-se Olívia.

– Que seu pai tinha ficado bem nervosinho, rasgado uma carta, atirado no chão. Pareceu cena de novela – riu ela. – Depois de ouvir isso, achei que já havia recebido muitas informações suas numa mesma semana. Até seu netinho veio me visitar. Aliás, ele me lembra você, quando rapazote.

Aparecido se encontrava claramente constrangido. Se pudesse, teria feito com que a senhora se calasse, mas se ela, na juventude, desafiava a tudo e a todos descendo pela janela de madrugada para conversar com um possível namoradinho, imagine agora, idosa e livre de qualquer censura... certamente não se calaria.

Olívia estava gostando de assistir àquela cena. Ao contrário do imaginado por seu filho, ela ficou feliz em ver o pai, pela primeira vez, com um sorriso largo no rosto.

– E como era meu pai, dona Cassiana? – interessou-se Olívia.

– Calado! – todos riram, inclusive ele. – Mas tinha vontade de viver, lembra, Aparecido?

– Outros tempos – lamentou ele. – A gente não sabia de nada da vida. Achava que tudo ia dar certo.

– E não deu? – riu ela. – Olha só a família linda que você tem. Eu também tenho a minha! A única coisa errada é deixar esse jardim do jeito que está.

– Não tem quem cuide – resmungou ele.

– Mas não é difícil. Eu venho aqui uma, duas vezes, te ensino o que precisa fazer e você faz. Por acaso pretende se tornar um velho inútil?

Ricardo se divertia ao vê-los conversando. Não havia pudores, senhor para cá, senhora para lá. Eles se relacionavam como se fossem os adolescentes de antes, com bastante cumplicidade.

– Eu tentei dar uns passeios com ele – argumentou Olívia. – Mas ele não quis.

– E o galpão lá atrás, como é que está? – perguntou dona Cassiana.

– Está bem bagunçado – disse Olívia. – Quando era criança, eu me lembro do senhor trabalhando lá, cortando madeira. Eu não podia chegar perto de jeito nenhum. Mas depois que se aposentou, nunca mais mexeu em nada. Nem deixou vender...

– Pra que ficar guardando tanta coisa velha? Já não basta você mesmo? – riu dona Cassiana.

Ele riu e falou:

– Achei que eu fosse usar, trabalhar somente quando eu quisesse, mas fui perdendo a vontade, o gosto.

Dona Cassiana olhou para Ricardo e disse:

– Seu avô era famoso com a molecada.

– Por quê? – perguntou Ricardo.

– De vez em quando, ele fazia uns brinquedos de madeira e dava pra eles se divertirem, carrinhos... – completou ela.

– Pra mim, ele fez uns berços pras minhas bonecas – comentou Olívia.

– Taí, outra coisa que eu não sabia – disse Ricardo.

– As crianças também sumiram – reclamou ele. – Não aparecem mais.

– Aposto que você nunca vai até a porta – riu dona Cassiana. – Como é que eles vão saber que você existe?

– Vô, eu queria um carrinho de madeira! – pediu Ricardo.

– Verdade? – estranhou ele.

– Sim. Eu ia mostrar pra todo mundo o carrinho que meu avô fez pra mim.

E então, quando menos se esperava, todos caminharam para o velho galpão fechado. Aos poucos, muitas coisas foram sendo retiradas. Aparecido empolgou-se em limpá-lo, remexer no passado, trazer à tona lembranças boas, viver o tempo de hoje em sua plenitude, já sereno de tanta saudade.

O BEBÊ DA RODA

Quando Marcos partiu para buscar sua família no interior, já estava muito bem-informado sobre todas as mudanças ocorridas naquele pouco mais de um mês e meio em que todos ficaram na casa do vovô Aparecido. Ele custava a acreditar, mas Olívia reafirmava as respostas:

– Sim, Marcos, meu pai teve uma namorada. Isso mesmo, ele não era quem eu pensava que era. Existe outra carta – finalizando as conversas, ela sempre prometia –, e quando você chegar aqui te mostro tudo.

Ao estacionar o carro em frente à residência, quase não a reconheceu. O jardim estava inteiramente limpo e, aqui e ali, podia-se observar várias mudas novas, roseiras podadas e até mesmo pedras decorativas separando os canteiros.

Seus dois filhos menores, Juliana e Pietro, brincavam no local e, ao verem o pai, gritaram de alegria. Não demorou e Olívia e Ricardo também surgiram. Em breve, estariam abraçados como se estivessem distantes há décadas.

– Olha só o que meu vô fez pra mim, pai – animou-se Pietro, mostrando um pequeno fusca de madeira, com as formas perfeitas e rodas intactas.

– Eu ganhei um cavalinho – disse Juliana, competindo pela atenção do pai. – Ricardo ganhou um caminhãozinho, todo pintado!

Olívia cochichou no ouvido do marido:

– Você ainda não viu nem metade das mudanças.

Ela levou Marcos ao interior da casa e ele reparou que, de fato, existiam vários aspectos diferentes. Havia flores nos velhos vasos; as janelas estavam abertas. Lembrou-se dos dias de antigamente, quando ia àquela residência a fim de ficar perto da noiva, jantar com dona Joana e o "seu" Aparecido. O velho sofá permanecia ali, testemunha das diversas vezes nas quais ficara sem assunto diante do futuro sogro.

– Olá, meu genro, como vai? – perguntou Aparecido ao ver Marcos.

– Estava mesmo pensando no senhor – respondeu ele, rindo. – Parece que muitas coisas mudaram por aqui.

– Culpa dessas mulheres... Sabe como elas são – completou Aparecido.

Marcos se encontrava bastante curioso para conhecer a tal senhora de quem sua esposa tanto falara. Ele planejara chegar no dia em que ela viria cuidar do jardim, assim sua intenção de vê-la teria sucesso.

Foram à cozinha tomar café. Ricardo ficou todo o tempo junto de seus pais e apressava-se em contar os detalhes do dia em que foi ao cartório. Aparecido escutava a tudo impassível. Por alguns momentos, voltava a ser o homem silencioso de sempre. Ele ainda não se sentia confortável; deixava aos mais jovens a tarefa de, agora, relatar as velhas histórias da família.

De repente, uma voz interrompeu a animada conversa da família.

– Quando vi o carro na porta não tive dúvida. Você veio levar meus amigos embora? – era dona Cassiana, que trazia uma sacola de onde tirou um bolo que colocou sobre a mesa.

– Acho que vim estragar a festa de vocês – comentou Marcos.

– Estragar, o que é isso? – completou a senhora. – Sempre tem espaço pra mais um convidado.

– A gente precisa voltar, querida – lamentou Olívia. – As aulas das crianças vão recomeçar e meu trabalho me chama.

– Vida besta – ralhou dona Cassiana. – Não vale a pena viver só pra trabalhar, tem que se divertir um pouco.

Vocês precisam vir mais, quanto tempo faz desde a última vez que vieram? Acho que ninguém se lembra.

Olívia concordou constrangida.

– Eles não vão mais demorar tanto – falou Aparecido. – Minha filha prometeu.

– Mas o senhor vai lá nos visitar também, não vai? – perguntou Marcos.

– Já cansei de pedir pra ele ir morar conosco, mas ele não aceita – reclamou Olívia.

– Ia ser divertido, vô – animou-se Ricardo.

– E abandonar esta casa, meu galpão, para ir viver numa cidade grande? Logo agora que eu tenho um jardim tão bonito! – disse Aparecido, arrancando uma gargalhada de dona Cassiana. – E, por falar nisso, Marcos, quero te mostrar minha oficina.

Os dois foram para os fundos, acompanhados de Ricardo. Olívia ficou sozinha com dona Cassiana e falou:

– Não sei se eu já agradeci à senhora.

– Pelo quê, minha filha? – interessou-se dona Cassiana.

– Por vir aqui... cuidar do jardim... da casa.

– Faço com gosto. Esse velhote do seu pai ia deixar o mato cobrir tudo.

Olívia terminou o café de sua xícara e perguntou, medindo as palavras.

– Quando formos embora, a senhora vai continuar vindo aqui?

Dona Cassiana observou Olívia e fez outra pergunta:

– Você quer que eu venha?

Olívia compreendeu que havia diversas questões inseridas naquela simples pergunta. Em tão pouco tempo, afeiçoara-se à senhora. Saber do passado que quase a unira ao seu pai, bem antes de sua mãe, não a deixava insegura, com raiva; pelo contrário. Talvez sua mãe soubesse daquela história e nunca lhe contou porque tivesse ciúmes, levando com ela algo que deveria permanecer em segredo. Entretanto, Olívia presenciou a mudança de humor de seu pai, da prostração à volta ao trabalho na oficina. Abraçara novamente a vida. Portanto, como não existia outra resposta possível, segurou nas mãos de dona Cassiana e disse:

– Quero, nós queremos.

– Então eu venho. Agora, vou cuidar do jardim – respondeu ela, claramente satisfeita.

Na manhã seguinte, a família já estava pronta para ir embora. Longas despedidas, promessas, beijos repetidos, dúvidas financeiras, várias recomendações. Marcos se ocupava em colocar as malas no carro e Olívia tentava acalmar as crianças, que não sonhavam exatamente com o retorno ao acanhado espaço da vila na qual moravam.

Embora não chorasse, dentre todos, o mais triste era Ricardo. Sentia uma forte conexão com aquele avô que sempre lhe pareceu distante, inatingível. Em pouco tempo, durante aquela estada, o garoto descobriu vários outros sentidos para sua própria vida.

O bebê da Roda de fato havia sobrevivido e crescido com saúde. Era, agora, feliz. Para muitos, a gigantesca maioria dos expostos, quando a Roda girou, os levou ao encontro com a morte; para outros, poucos, se tornou uma roda da vida. Nem sempre a melhor, apenas a possível.

Ao entrarem no automóvel, Ricardo levava a carta, a que foi despedaçada. Iria refazê-la, mantê-la junto da outra. O menino pensava muito em João Batista, em seu paradeiro. O que teria acontecido com ele? E com Luzia? Tantos personagens perdidos no tempo, sem resposta. Ricardo ansiava por descobrir algo extra no futuro.

Por fim, Marcos ligou o carro e partiram. Ricardo viu dona Cassiana e Aparecido acenando no portão. O menino sorriu, imaginando que, talvez, tivesse ganhado uma nova e divertida avó.

O AUTOR

© Vladimir Ferrigato

Alguns eventos simplesmente não nos pertencem, são do mundo, de tantos outros. Foi dessa maneira que me senti ao me aproximar do assunto da Roda dos Expostos. Quanto mais eu sabia, mais impressionado ficava. Resolvi contar a história e acabei recebendo um importante incentivo para isso, o ProAC-SP. Fiz uma longa pesquisa e conheci, inclusive, outras duas Rodas em Portugal, além da que vi na cidade de São Paulo. O abandono, infelizmente, segue ocorrendo de várias formas e precisamos sempre falar sobre isso. Meus livros nascem assim, de curiosidade e muita investigação, principalmente. Depois, deixo a criatividade conduzir os caminhos. Já publiquei cerca de cinquenta livros, ganhei um Prêmio Jabuti e participei de feiras internacionais, como as de Bologna e Frankfurt. Fiz, e faço, palestras a respeito de literatura infantojuvenil no Brasil e no exterior. Também já trabalhei em parceria com gente muito querida como o Ziraldo e o Mauricio de Sousa. Além de adorar inventar histórias, trabalho como ator e cantor. Se quiser maiores informações sobre minhas aventuras por aí, venha visitar o meu site: www.manuelfilho.com.br.